Der 100jährige Kalender

Alexander Herr

Der 100jährige Kalender

Nach Abt Mauritius Knauer

Seehamer Verlag

© 1998 Seehamer Verlag GmbH, Weyarn
und Medien-Agentur Gerald Drews, Augsburg
Alle Rechte vorbehalten.
Gestaltung: Bine Cordes, Weyarn
Printed in Austria
ISBN 3-932131-61-4

Inhalt

Inhalt

Vorwort

Seit der Mensch Ackerbau und Viehzucht betreibt, ist es für ihn von geradezu existenzieller Wichtigkeit, auf das Wetter mit all seinen Kapriolen ein wachsames Auge zu haben. Die Witterung bestimmt aber nicht nur Erfolg oder Mißerfolg der Ernte, sondern kann auch den Menschen in dem, was er tut und fühlt, beeinflussen.

Seit alters her versuchte man, Zusammenhänge zu finden zwischen dem, was auf unserer Erde vor sich ging, und dem, was sich über unseren Köpfen am Himmel tut. Man hoffte, aus den immer wiederkehrenden Planetenkonstellationen irgendwann Rückschlüsse ziehen zu können. Von einem war man überzeugt: Die Planeten unseres Sonnensystems lenken – auf welche Weise auch immer – die Geschicke auf der Erde.

So begann man schon früh, die Geschehnisse am Himmel zu beobachten. Jahr um Jahr machten die Gelehrten ihre Aufzeichnungen, und es wurde immer deutlicher, daß es gewisse Regeln gab, nach denen sich Wind und Wetter richteten. Man formulierte diese Erkenntnisse in Versform, damit sie sich jeder gut merken konnte – die Bauernregeln entstanden. Der Abt Mauritius Knauer aus Langheim in Franken erstellte Mitte des 17. Jahrhunderts seinen „Immerwährenden praktischen Wirtschaftskalender", der auf seinen Beobachtungen des Himmels basierte. Später wurde sein Werk als „Hundertjähriger Kalender" berühmt.

Selbst anerkannte Meteorologen geben heute zu: Vieles von dem altüberlieferten Wissen unserer Vorfahren ist durchaus richtig. Bestimmte Zyklen, wie zum Beispiel die des Mondes, wiederholen sich immer wieder. Aus diesen und anderen Erfahrungen, die unsere Ahnen an ihre Kinder und Kindeskinder kontinuierlich weitergegeben haben, entstand nach und nach unser heutiger Kalender.

In diesem Buch erfährt man,

* welcher Planet in welchem Jahr unser Wetter bestimmt;
* was man unter Stunden- bzw. Tagesregenten versteht;
* welch großen Einfluß der Mond auf unser Leben hat und wie man diesen Einfluß für sich selbst nutzen kann;
* was Schwend- und Lostage sind und wie man sie deutet;
* welche besondere Wirkung eine Mond- bzw. Sonnenfinsternis sowie das Erscheinen von Kometen auf die Erde haben

und vieles mehr rund um den „Hundertjährigen"...

1

Der Abt Mauritius Knauer und seine Aufzeichnungen

Trigesimus
MAURITIUS
Alter Claustri Atlas surgit Mauritius Abbas,
Qui devastatum fecit veluti Neo-natum,
Hic magnus Doctor, Doctrinæ ad Culmina Ductor,
Scripsit præclaros doctissimo acumine Libros,
Astrologus, Medicus, longe lateque probatus.
Præpropere moritur, cum quobona spes sepelitur

Bildnis des Abtes Mauritius Knauer um 1720

Der Lebenslauf des Abtes Mauritius Knauer

Als Moritz Knauer am 14. März 1613 geboren wurde, betrat er eine Welt, die nicht gerade voll von Reichtum und Wohlergehen war. Das Leben, das ihn umgab, wurde geprägt von Hunger, Pest, und Armut. Not und Elend waren das, was ihn fast sein ganzes Leben lang begleiteten, denn als er fünf Jahre alt war, begannen die Wirren des Dreißigjährigen Krieges.

Durch seinen Vater, der Bauer und gleichzeitig Bürgermeister des Dorfes war, wurde Moritz von frühester Kindheit an mit einer Vielzahl von Wetterregeln vertraut gemacht, die sich auf Beobachtungen in der Natur stützten. Das alte Wissen der Bauern begleitete ihn also schon von Kindesbeinen an.

Im Laufe seiner Entwicklung stellte sich heraus, daß Vater Knauer einen hochbegabten Sohn in die Welt gesetzt hatte. So durfte Moritz im Jahre 1631 die Klosterschule der Zisterzienser in Langheim besuchen. Dies war für die damalige Zeit alles andere als gewöhnlich und eine große Auszeichnung. Ein Verwandter war ihm dabei eine hilfreiche Stütze.

Bald erkannten die Mönche des Klosters, daß Moritz Knauer zu Höherem berufen war. Sie schickten ihn nach Wien, wo er sein Studium der Theologie, Medizin und Astrologie aufnahm und erfolgreich vollendete. Astrologie war damals eine ernsthafte Lehre, die sich – im Gegensatz zu heute – mit der wissenschaftlichen Erforschung des Weltalls und dem Lauf der Sterne beschäftigte. Mit Horoskopen oder der Deutung der Zukunft hatte das zu dieser Zeit nichts zu tun.

Moritz Knauer war vielseitig interessiert. Einerseits war er ein überzeugter Mann der Kirche und fühlte sich sehr zu ihr hingezogen. Andererseits gab ihm sein Studium die Möglichkeit, sich auch dem zu verschreiben, was ihm nicht minder am Herzen lag – der Wissenschaft. So konnte er sein

Leben als Mönch Mauritius Gott widmen und gleichzeitig seinem Streben nach mehr Wissen und Weisheit für die Menschheit nachgehen.

Nachdem er sein Studium beendet hatte, kehrte er zurück in seine Heimatstadt Langheim. Das dortige Kloster war direkt dem päpstlichen Stuhl unterstellt, und hier wurde er – bereits als 26jähriger – Abt. Sein Aufstieg in der kirchlichen Hierarchie war unaufhaltsam. Mit 32 Jahren war er Subprior, ein Jahr später Prior. An der Universität Bamberg promovierte der ehrgeizige Gottesmann und Wissenschaftler im Jahre 1648 zum Doktor der Theologie.

Aber die strengen Regeln und Vorschriften der Kirche waren für Mauritius in seinem Drang nach Forschung und Wissen oft im Wege. Sein kirchliches Leben war häufig geprägt von Kampf. Für ihn war die Institution Kloster eine ideale Ideenschmiede der Wissenschaft. Gläubigkeit zur höheren Ehre Gottes rangierte seiner Überzeugung nach erst an zweiter Stelle. Selbstverständlich stieß er mit diesem Credo bei den Kirchenoberen auf heftigen Widerstand!

Aufgrund seines Bestrebens, seine beiden Neigungen in Einklang zu bringen, war der Streit mit seinen geistlichen Vorgesetzten programmiert. Der konfliktfreudige Mauritius bekämpfte zunächst die Vorschriften der Bamberger Behörden, die ihn in seinem Forscherdrang behinderten, sie erschienen ihm zu engstirnig . Sein Protest macht auch vor dem Bischof selbst nicht halt. Eine Zeitlang stärkte ihm der deutsche Kaiser Ferdinand II. (1608–1657) noch den Rücken, bald jedoch zählte dieser nicht mehr zu seinen Gönnern. Die Forderungen des Abtes waren zu weit gegangen.

Die Unvereinbarkeit seiner Vorstellungen mit denen der Kirche ging sogar so weit, daß der Bamberger Bischof Mauritius Knauer von Soldaten festnehmen ließ. Der Abt reagierte auf seine Weise: Er verfluchte die bischöflichen Handlanger mit einem Kirchenbann „bis in alle Ewigkeit". Er wurde trotzdem abgeführt und ins Gefängnis gesteckt.

1652 wurde er gezwungen, seinen Bann zu widerrufen. Inzwischen war er für die Kirche natürlich längst nicht mehr tragbar. Um wieder in seiner Heimat Langheim forschen zu können, verzichtete er auf gewisse kirchliche Vorrechte.

Mit der Zeit starben einige seiner langjährigen Gegner – für die fränkischen Bauern wurde Mauritius Knauer, der eigensinnige Abt, zum Helden: Ganz offensichtlich hatte sein Fluch gefruchtet...

Das mag auch den Kirchenoberen nicht ganz geheuer gewesen sein. Sie ließen Knauer von da ab in Frieden wirken, auch wenn sein Hauptaugenmerk sich nicht mehr ausschließlich auf Kirche und Kloster richtete. Nun ging er verstärkt seiner Leidenschaft nach, der Astrologie, der Kunde von den Sternen. Zu diesem Zweck ließ er in Langheim ein Observatorium errichten, das unter dem Begriff „blauer Turm" berühmt wurde.

Wie er zu seinen Aufzeichnungen kam

Jede Nacht beobachtete Mauritius Knauer den Lauf der Gestirne. Er wollte aus den Konstellationen der Sterne Hinweise für das Leben auf Erden ableiten. Er sah die Himmelskörper als einen Fingerzeig Gottes. „Die Figuren des Himmels waren vor allen übrigen erschaffenen Dingen da. Deshalb haben sie Einfluß auf alles, was nach ihnen entstanden ist", schrieb er auf.

Mit seinem Blick zu den Sternen verfolgte Mauritius Knauer jedoch beileibe nicht die Absicht, das Schicksal oder die Zukunft einzelner Menschen erkennen zu können. Er lehnte dies sogar kategorisch ab und nannte es „sündhaft, verwerflich und unerlaubt". Er glaubte an das Wort der Gelehrten des Mittelalters, wonach die Geschicke der Weltgeschichte von alters her im Lauf der Sterne festgelegt sind.

Mauritius Knauer war der festen Überzeugung, daß es

14

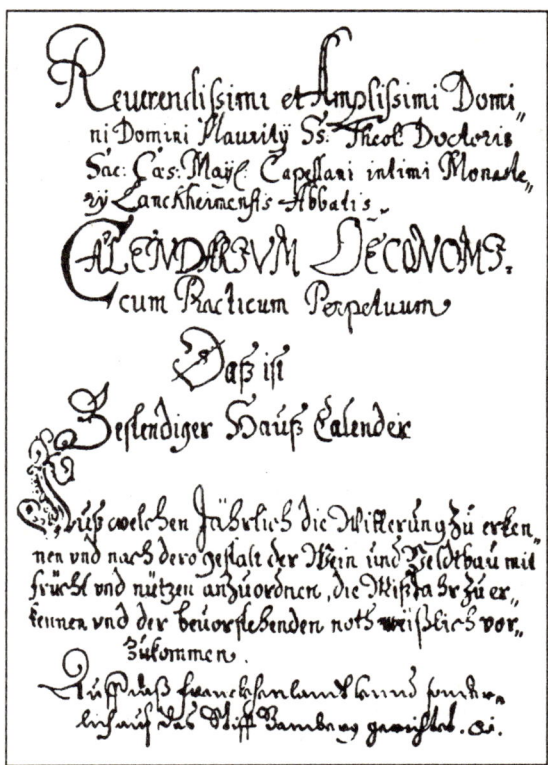

Die Titelseite einer der frühesten Handschriften
des Hundertjährigen Kalenders

zwischen den noch unerforschten Rhythmen im Kosmos und dem Geschehen auf der Erde einen ganz bestimmten Zusammenhang gibt. Aus den Konstellationen der Sterne, so glaubte er zu wissen, kann man eine Menge ableiten: den Erfolg von Aussaat und Ernte, die Gefahr von Regen und sonstigen Unwettern, das Abwechseln von Sonnenschein und Schnee, die Schwankungen von mildem und extremem Wetter.

15

Wie der „Hundertjährige Kalender" entstand

Der Abt Mauritius Knauer beschloß, einen neuen Kalender zu entwickeln. Sieben lange Jahre beobachtete er das Wetter – und machte sich sorgfältigst Notizen. So entstand ein genauestes Wettertagebuch. Er erkannte, daß sich innerhalb dieses Zeitraumes die Wirkungen von Sonne, Mond, Merkur, Venus, Mars, Jupiter und Saturn abwechseln. Jeder einzelne Planet war während der sieben Jahre jeweils ein Jahr beherrschend an der Reihe, hatte die Geschicke auf der Erde bestimmt. Nach der astrologischen Lehre begann danach der Kreislauf von neuem.

Knauers Wunsch war es, den Bauern der Region seines Klosters und auch denen im weiteren Umkreis Hinweise zu geben, wie sie ihre Arbeit am nutzbringendsten gestalten sollten. Auf den Tag genaue Wettervorhersagen lagen allerdings nicht in seinem Sinne. Er wollte vielmehr den optimalen Zeitpunkt erkennen, wann Saat und Ernte erfolgen müßten. Außerdem wollte er mit Hilfe seiner Beobachtungen erforschen, wie man am besten Krankheiten (von Mensch und Tier) bekämpfen kann. Auch die Gesundheit von Lebewesen unterlag seiner Meinung nach dem Einfluß von Wind und Wetter.

Abt Mauritius Knauer starb am 9. November 1664 an den Folgen eines Schlaganfalls. Mittlerweile waren seine Wetterbeobachtungen schon bis weit über die Grenzen seiner fränkischen Heimat berühmt. Sogar außerhalb Deutschlands wurde nach ihnen gehandelt, obwohl man die Regeln wegen der geographisch unterschiedlichen Lage dort in Frage stellen mußte. Der Kalender des Abtes blieb trotzdem ein Erfolg – und er ist es seit nunmehr 300 Jahren.

Mauritius Knauer hat sein Wettertagebuch einen „immerwährenden praktischen Wirtschaftskalender" genannt. Erst sehr lange nach seinem Tod entstand der Begriff „Hundertjähriger Kalender" – etwa 40 Jahre nach seinem Ableben. Da erschienen die ersten Ausgaben seines Kalenders unter der Bezeichnung „immerwährender Kalender".

Ist es Täuschung oder Wahrheit?

1701 verwandelte der Arzt und Verleger Dr. Hellwig den „immerwährenden" in einen „hundertjährigen" Kalender. Er war davon überzeugt, daß die Zahl 100 für die Menschen im wesentlichen „endlos" klang und damit ein Erfolg gesichert war. Hellwig bewies damit eine sichere Spürnase. Wer sich mit den Aufzeichnungen des Abtes Mauritius Knauer intensiver beschäftigt, wird feststellen, daß der „Hundertjährige Kalender" keinesfalls – wie oft behauptet – reiner Humbug ist. Er hat durchaus seine Berechtigung, was oft genug bewiesen wurde...

2

Warum es Wetteraufzeichnungen und Kalender gibt

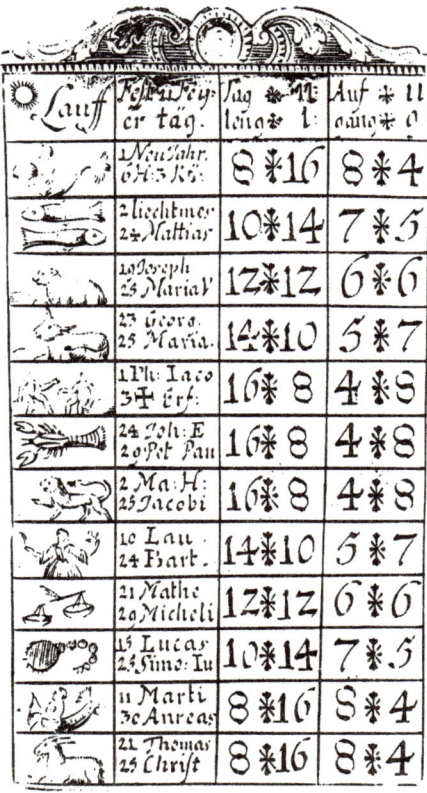

Alter Kalender mit Gegenüberstellung der normalen Kalenderzeit und der astrologischen Zeit.
Der Kalender gibt außerdem die Tierkreiszeichen an.

Wie die ersten Kalender entstanden

Auf- und Untergang von Sonne und Mond – das ist, in wenigen Worten zusammengefaßt, die natürliche Wirkung des Weltalls auf unsere Erde. Sie findet sich bei fast allen Völkern der Erde wieder – in Mythen, die uns bis heute überliefert wurden. Man beobachtete unablässig, wie sich diese beiden Himmelskörper über uns verhielten, wie sie sich bewegten, wann sie gingen und kamen.

Diese Anfänge könnte man bereits als zaghafte Grundformen unseres Kalenders, wie wir ihn heute kennen, bezeichnen. Besonders der Mond war früher Dreh- und Angelpunkt unzähliger Legenden. Auf dem Mond, so vermutete man, wohnten Götter. Vereinzelt hielt man sogar diesen Planeten selbst für einen Gott beziehungsweise eine Göttin. Menschen der Urzeit begannen, nach und nach erstaunliche harmonische Rhythmen am Himmel zu entdecken.

Unsere Vorväter erstellten die ersten Mondkalender in prähistorischer Zeit, etwa 40 000 Jahre vor unserer Zeitrechnung. Voll- oder Neumond wurde beobachtet und diese Erkenntnisse in Steine oder Knochen geritzt. Die Zeit der Jäger und Sammler neigte sich dem Ende zu, und man begann, seßhaft zu werden. Ackerbau und Viehzucht kamen immer mehr auf, und um die Ernte erfolgreich zu gestalten, nahm man den Lauf von Sonne und Mond auch im Zusammenhang mit dem Wetter genauer in Augenschein.

Die so erreichten Erkenntnisse gewannen zunehmend an Bedeutung. Bald war man imstande, daraus bestimmte Regeln abzuleiten, da gewisse Gesetzmäßigkeiten und Wiederholungen festzustellen waren. Man erkannte, daß der Mond für vieles verantwortlich war: Seine Rhythmen standen eindeutig in Zusammenhang mit den Jahreszeiten und dem Wetter. Auch Naturkatastrophen, Ernteglück oder -pech, Hungersnöte sowie Gesundheit und Krankheit unterlagen offensichtlich seinem „Einfluß".

Die Aufzeichnungen, die von unseren Ahnen überliefert wurden, dienten zunächst speziell der Planung von Ackerbau und Viehzucht, zur Festlegung der Zeiten für Saat und Ernte. Von diesem wertvollen Wissen konnten nachfolgende Generationen profitieren. Bis in unsere Tage vervollständigten sie diese Erkenntnisse, leiteten daraus andere ab und optimierten so nach und nach das Wissen, das wir heute haben. Wie vor Jahrtausenden spielt der Mond in unserem Leben eine wichtige Rolle, weil er die Geschicke auf unserem Planeten bestimmt.

Der Mond war für unsere Vorfahren eine Art natürliches Meßinstrument. Man erkannte einen immer wiederkehrenden Zyklus von 28 Tagen. Daraus errechnete man 13 Monate pro Jahr mit jeweils 28 Tagen für die alten Mondkalender. Diese Einteilung stimmte genau mit dem Zyklus und den Phasen des Himmelskörpers überein. Meist waren sie auch im Einklang mit dem Jahreslauf der Sonne.

Die Mondphasen – für unsere Ahnen waren sie Symbole für einen ewigen Kreislauf:

- Zunehmende Sichel: Zeichen für Zeugung und Geburt
- Zunehmender Mond bis Vollmond: Zeichen für Wachstum
- Abnehmender Mond bis Neumond: Zeichen für das langsame Sterben in der Natur
- Drei Nächte des Neumonds: Darstellung des Todes
- Die schmale Sichel des zunehmenden Mondes war ein Symbol der Wiedergeburt.

Das Mond- und das Sonnenjahr

In alten Zeiten galt der siebte Tag einer Mondphase als heilig. Dann gingen nach den Vorstellungen der Zeitgenossen der Mond und seine Göttin in eine andere Phase über. Und man wußte genau: Wer an diesem siebten Tag arbeitet,

21

*Die Erde im Mittelpunkt der himmlischen Sphäre und das Band
der Tierkreiszeichen, in dem die Sonne sich bewegt.*

über den wird großes Unglück hereinbrechen. Wer an diesem Tag in Haus und Hof seinen sonstigen Tätigkeiten nachging, störte den Mond und seine Göttin beim Übergang in die nächste Phase.

Man ahnt es schon: Aus diesen Überlieferungen entstand das, was wir heute Sonntag nennen. Der heilige Tag der Moslems ist der Freitag, am Samstag feiern die Juden nach der Schöpfungsgeschichte von Moses den Phasenwechsel. Ob Freitag, Samstag oder Sonntag - eines ist den dreien gemein: es handelt sich jeweils um den Tag, an dem Gott ruhte.

Der Mond als Nachtplanet wird in orientalischen Religionen übrigens bis heute mehr verehrt als der Tagesplanet Sonne. Seit jeher richteten sich auch die anderen Kalender hier nach dem Mond. Das hat sich bei den Moslems, den Juden, im asiatischen Raum und bei einigen Naturvölkern bis heute durchgesetzt.

Es ist praktisch nicht möglich, Mond- und Sonnenjahr in

genaue Übereinstimmung zu bringen. Versucht man dies, stößt man unweigerlich auf ein paar „übrige" Stunden. Ein Sonnenjahr ist die Zeit von einem Frühling bis zum nächsten, also wenn Tag und Nacht wieder gleich lange dauern. Ist ein solches Sonnenjahr vorüber, entsteht gegenüber dem Zyklus des Mondes ein „Rest". Im Mondrhythmus ergeben die zwölf Monate nur 336 Tage – im Gegensatz zum Sonnenjahr mit 365 Tagen.

Dies hat einen ganz einfachen Grund: Der Mondumlauf dauert nämlich nicht genau 28 Tage, sondern der Planet nimmt sich dafür gut einen halben Tag länger Zeit. Natürlich versuchte man, diese Diskrepanz auszugleichen. Wenn der Zeitpunkt erreicht war, an dem Mond- und Sonnenjahr nicht mehr miteinander übereinstimmten, schob man einfach einen dreizehnten Monat dazwischen. So kam man immerhin auf 354 Tage.

Diese Kalenderrechnung galt bis ins Römische Reich hinein – bis Julius Cäsar erschien, der den Irrtum im Jahre 46 v. Chr. korrigierte. Er führte den sogenannten Nilkalender ein, der aus Ägypten stammte. Durch ihn haben wir heute den Sonnenkalender.

Die alten Ägypter richteten sich bei ihrer Zeitrechnung nach ihrem heiligen Fluß, dem Nil. Aufgrund seines Steigens und Fallens erkannten sie zwölf Monate mit jeweils 30 Tagen. Wer nachrechnet, stellt fest, daß dann immer noch fünf Tage fehlten. Diese fünf Tage hängten die Ägypter nach den zwölf Monaten einfach dran – so hatte man endlich 365 Tage am Ende. Dies entspricht unserem heutigen „normalen" Jahr.

Die Kalenderreform des Papstes Gregor XIII.

Der Nilkalender bewährte sich zunächst. Julius Cäsar übernahm ihn für das Römische Reich und damit für einen Großteil der restlichen Welt. Das Jahr fing am 1. Januar an – eine Regelung, die gut eineinhalb Jahrtausende Bestand hatte.

Aber der Julianische Kalender hatte einen „Schönheitsfehler": Jahr um Jahr summierten sich Minuten, die in der Endabrechnung fehlten. Nach 1600 Jahren waren fast zehn Tage auf der „Sollseite des Kalenderkontos". Also war eine gründliche Reform angesagt. Sie fand ein paar Jahrzehnte vor der Geburt des Abtes Mauritius Knauer statt.

1582 entschloß sich der Papst Gregor XIII., den neuen Erkenntnissen Rechnung zu tragen und den unstimmigen Kalender den tatsächlichen Gegebenheiten anzupassen. Der Gottesmann entschied, daß auf den 4. Oktober 1582 sofort der 15. Oktober folgte. Im Zuge dieser Maßnahme führte Gregor auch gleich noch das Schaltjahr ein – alle vier Jahre zählen wir statt 365 Tage 366. Dieses Schaltjahr fällt aus, wenn ein Jahrhundert vollendet ist, außer die neue Jahreszahl ist durch 400 teilbar. Somit wird das Jahr 2000 ein „echtes" Schaltjahr mit einem 29. Februar sein – im Gegensatz zum Jahr 1900. Grund: Die Zahl 2000 ist durch 400 teilbar. Im Jahr 1900 gab es demzufolge keinen 29. Februar.

Die Jahresaufteilung nach Papst Gregor XIII. ist so exakt, daß wir uns heute ganz entspannt zurücklehnen können: Erst in ungefähr 1000 Jahren muß wieder ein Tag korrigiert werden.

Wie könnte man also den Begriff „Kalender" definieren? Nun, ein Kalender ist nichts anderes als ein Zeitmaß. Die ersten Kalender, die durch penible Beobachtungen des Himmels entstanden, waren bereits erstaunlich exakt. So unglaublich es auch klingt: Im alten China und in den alten Kulturen Babylons und Ägyptens wußte man den Lauf von Sonne und Mond sowie von Himmelskörpern so perfekt zu deuten, daß die damaligen Schlußfolgerungen schon sehr nah an unsere heutigen, modernen Meßungen heranreichen.

Der Abt Mauritius Knauer allerdings arbeitete noch mit alten Methoden. Kalender und Astrologie gehörten für ihn untrennbar zusammen. Damals war Astrologie auch mehr das, was wir heute unter Astronomie verstehen. Ersteres wird heute mit „Sterndeutung" erklärt. Zu Zeiten des Abtes jedoch war damit das Wissen um das Weltall, das Wissen um den Lauf der Sterne und Planeten gemeint.

Sieben Planeten regieren die Welt – nach dieser alten Lehre. Sonne und Mond zählen hier mit zu den Planeten, obwohl sie es wissenschaftlich gesehen nicht sind. Der 21. März als Frühlingsbeginn ist der Stichtag. Dann übernimmt der nächste Planet die Herrschaft für das Jahr. Mond, Saturn, Jupiter, Mars, Sonne, Venus und Merkur wechseln sich – in dieser Reihenfolge – im Laufe von sieben Jahren ab. Natürlich hat jeder Planet seine ganz speziellen Eigenschaften – und somit auch das Jahr, in dem er herrscht.

3

Die Bedeutung der Planeten
für unser Leben

*Die Suche des Menschen nach Wesen und
Wirkungsmechanismen des Lebens hinter den Planeten.
Holzschnitt aus dem 16. Jahrhundert.*

Warum genau sieben Planeten?

Mauritius Knauer hat es also erkannt: Die Planeten spielen in unserem Leben eine sehr große Rolle. Nach der alten Lehre der Astrologie beeinflussen sie uns praktisch rund um die Uhr – wie wir uns fühlen, wieviel Energie wir in uns haben, wie wir auf äußere Einflüsse reagieren und vor allem auch, wie diese äußeren Einflüsse (etwa das Wetter) beschaffen sind.

Nach der Astrologie beginnt ein Planetenjahr am 21. März. Es endet demnach im darauf folgenden Jahr am 20. März. Der 21. März ist gleichzeitig auch der Beginn des Sternzeichens Widder, das erste Datum der Tag- und Nachtgleiche eines Jahres. Für seine Wetterbeobachtungen legte Mauritius Knauer die Planeten Mond, Saturn, Jupiter, Mars, Sonne, Venus und Merkur zugrunde. Um sie zu erkennen, reichte in vorgeschichtlicher Zeit das bloße Auge aus.

Die drei „neu entdeckten" Planeten

Als das Teleskop erfunden wurde, boten sich der staunenden Welt plötzlich drei weitere Himmelskörper, die weiter außen im Sonnensystem lagen – die sogenannten „modernen" Planeten: Uranus, Pluto und Neptun. Aber auch nach heutiger Meinung von Astrologen sind die drei zu weit von der Erde entfernt, als daß sie einen entscheidenden Einfluß auf unsere Geschicke ausüben könnten.

Die Planeten, ihre Eigenschaften und ihre Wirkung auf den Menschen

Wenden wir uns also wieder den sieben „traditionellen" Planeten zu – allesamt Symbole für die menschliche Lebenskraft, die uns innewohnt. Der Mond etwa spiegelt unsere Gefühle wider, die Sonne ist entscheidend für unsere Persönlichkeit. Jupiter hat unser Schicksal im Auge, Saturn ist für unsere Bereitschaft zuständig, Verantwortung zu übernehmen. Venus schenkt uns Liebe und Harmonie, Mars steht für Energie und Tatkraft, während Merkur unser Geschick in geschäftlichen Dingen und unseren Verstand lenkt.

Doch die Planeten beschränken sich nicht darauf, unseren Charakter zu beeinflussen. Sie lenken alles Geschehen auf unserer Erde, natürlich auch das Wetter. Vorhersagen auf den Tag genau sind bekanntermaßen nicht möglich, es gibt aber Gesetzmäßigkeiten, die bei Beobachtung der Witterung deutlich werden:

Das Mondjahr
(1999, 2006, 2013)
wird sehr oft kalt und feucht.

Das Saturnjahr
(2000, 2007, 2014)
ist häufig ähnlich unfreundlich, also feucht und kalt.

Das Jupiterjahr
(2001, 2008, 2015)
wird meist warm und trocken.

Im Marsjahr
(2002, 2009, 2016)
ist mit großer Hitze und Trockenheit zu rechnen.

Das Sonnenjahr
(2003, 2010, 2017)
zeichnet sich durch eine mittlere Wärme
und gewisse Trockenheit aus.

Im Venusjahr
(2004, 2011, 2018)
hat man es meist warm und feucht.

Das Merkurjahr
(2005, 2012, 2019)
wird sehr oft kalt und trocken.

Nachdem Abt Knauer seine Beobachtungen abgeschlossen hatte, erkannte er daraus einen immer wiederkehrenden, siebenjährigen Planetenzyklus. Daraufhin stellte er eine bestimmte Reihenfolge des Planetensystems dar:

- Saturn ist der oberste Planet. Ihm folgen Jupiter und Mars.
- Als nächstes kommt die Sonne als Königin und Mitte.
- Venus und Merkur stehen unter der Sonne.
- Als unterster Planet steht der, der uns am nächsten ist: der Mond.

Somit steht der Mond natürlich im Mittelpunkt unseres Interesses. Medizinisch ist längst bewiesen: Vollmond kann bei vielen Menschen Schlafstörungen hervorrufen. Außerdem werden mehr Kinder als sonst geboren, und die Gefahr von Unfällen steigt an. Es gibt Zeiträume, in denen Wunden gut heilen, und solche, in denen die Wundheilung nur schleppend vorangeht. Wer eine Operation vor sich hat, sollte diese am besten bei abnehmendem Mond durchführen lassen. Dann nämlich tritt weniger Blut aus dem Körper.

Für Mauritius Knauer war der erdnächste Planet noch aus einem anderen Grund besonders wichtig. Der Abt wußte, daß der Mond die Gezeiten der Weltmeere kontrolliert. Gerade deshalb wurde ihm die starke Fähigkeit zugeschrieben, Aussaat, Wachstum und Ernte zu beeinflussen. Ein zunehmender Mond zum Beispiel ist für das Anpflanzen und die Aussaat ungemein günstig, da sich zu dieser Zeit die Feuchtigkeit auf der Erde erhöht.

Das Wetter, unser Charakter, ja, unser gesamtes Tun auf der Erde – all das liegt im Einflußbereich der „Großen Sieben", aber auch der später entdeckten drei Himmelskörper. Jeder einzelne Planet hat sowohl positive als auch negative Eigenschaften, die uns und unsere Umwelt und somit unser Leben bestimmen:

☽ Der **Mond** hat unsere Gefühle im Griff! Dieser Planet ist ein Symbol für Veränderlichkeit, Gefühlsbetontheit, Beeinflußbarkeit, Empfindsamkeit und Sympathie.

♄ Der **Saturn** stellt uns mit Vorliebe Hindernisse in den Weg. Infolgedessen bilden wir allerdings mit seiner Hilfe auch die Fähigkeit zu Eingrenzung, Beschränkung und Disziplin im allgemeinen. Bei den Römern war Saturn der Gott des Ackerbaus.

♃ **Jupiter**, bei den Römern der Vater aller Götter, beherrscht die Planeten. Er gibt uns Optimismus, ist ein Symbol für Erweiterung und Voraussicht, begünstigt allerdings auch den glücklichen Zufall.

♂ Planet **Mars** ist „zuständig" für große Aktivitäten, Energie, Unternehmungsgeist und den Wunsch nach Selbstverwirklichung. Mars, für die Römer der Gott des Krieges, kann den Menschen in puncto Zeugungsfähigkeit positiv beeinflussen. Der Planet ist allerdings auch zuständig für sämtliche aggressiven Energien. Unter seinem Einfluß kämpft man sich wirkungsvoll durchs Leben. Es besteht aber immer auch die Gefahr, über sein gestecktes Ziel hinaus zu schießen...

31

☉ Die **Sonne** ist die Lebensquelle von uns allen. Sie ist der mächtigste und auch beständigste Planet. Zu ihrem „Repertoire" gehören Individualität und Macht, aber auch der Hang zur Selbstdarstellung. In uns allen liegen gute und schlechte Möglichkeiten, wie wir unser Leben gestalten. Die Sonne trägt entscheidend dazu bei, was wir daraus machen.

♀ Die **Venus**, Göttin der Liebe bei den Römern, verheißt Anziehungskraft, Schönheit und Einheit. Sie ist, was den menschlichen Körper betrifft, der Gegenpol zum Mars. Die Venus steuert die Harmonie, sorgt für körperliches Wohlbefinden und balanciert Geben und Nehmen gleichmäßig aus.

☿ Der Gott der Kaufleute war für die alten Römer der **Merkur**. Er ist der Planet des Verstandes. Ihm zugeordnet werden die Kommunikationsfähigkeit der Menschen, deren Urteilskraft und Intelligenz. Der Hauptwirkungsbereich des Merkurs liegt in der geistigen und intellektuellen Ebene.

Aber auch die drei Planeten, von denen Mauritius Knauer noch nichts geahnt hatte, wollen wir hier nicht vergessen:

♅ **Uranus** wurde im Jahre 1781 entdeckt. Er steht für Originalität, Unabhängigkeit, für Erfindergeist und drastische Veränderungen. Dieser Planet ist für den Menschen die dritte Kraft auf geistigem Gebiet. Durch Uranus werden uns einerseits unsere Grenzen aufgezeigt, gleichzeitig aber auch unser Einfallsreichtum.

♆ Der Planet der Illusionen ist der **Neptun**. 1846 entdeckt, symbolisiert er das Sich-Abwenden von allen materiellen Dingen. Demzufolge ist Neptun für die Illusionen zuständig, die uns in unserem Seelenleben beherrschen. Auf der einen Seite kann er uns inspirieren und emotionell bereichern, andererseits verleitet er auch gern zu Betrug, Flucht vor der Realität und illusionären, der Wirklichkeit entronnenen Vorstellungen.

♇ Erst ziemlich spät, nämlich 1930, wurde **Pluto** entdeckt. Der Planet gilt als das Symbol für Veränderung, der Säuberung und der Wiedergeburt. Im Zuge dessen beeinflußt er auch die Fähigkeit zur Erneuerung und die innere Entschlossenheit, ein Ziel zu verwirklichen. Pluto kann unser Seelenleben ganz schön durcheinanderbringen. Sein Einfluß kann positiv, also schöpferisch, aber auch negativ sein. Im letzten Fall wirkt er eher zerstörerisch. Grund: Er regiert sämtliche Kräfte, die im Menschen wohnen – Kräfte, die nutzbringend sein können, und solche, die Schaden anrichten.

Die geheimnisvolle Zahl Sieben...

Die Zahl Sieben taucht in vielen Überlieferungen alter Sagen und Legenden sowie in den Aufzeichnungen und Beobachtungen der unterschiedlichsten Völker auf. Bekannt ist sie auch in einer ganzen Reihe von Märchen: Wir „wissen" von den sieben Geißlein, und auch die sieben Raben sind uns noch aus der Kindheit vertraut. Um Schneewittchen kümmerten sich sieben Zwerge, die hinter den – erraten! - sieben Bergen hausten...

Warum ausgerechnet sieben Planeten der Dreh- und Angelpunkt der alten Lehren sind, liegt nicht etwa in der Tatsache begründet, daß man zwischen Trabanten (Mond), Gestirnen (Sonne) und den „echten" Planeten nicht unterscheiden konnte. Die Zahl Sieben ist bereits in der Schöpfungsgeschichte der Bibel als heilig verankert: Die Welt wurde in sieben Tagen erschaffen. Sieben Todsünden und sieben Tugenden existieren. Und das Buch der Zukunft ist in der Apokalypse mit sieben Siegeln verschlossen.

Die Mystik der Sieben ist bis ins altorientalische Babylon zurückzuverfolgen. Oberste Gottheit war der Mond. Der wechselt seine Gestalt alle sieben Tage, und so suchte man Naturereignisse, die zu diesen Gegebenheiten passen. Man fand sie auch – in Gestalt der sieben Planeten...

Die Erschaffung der Welt
Darstellung aus dem 15. Jahrhundert

Wie die Benennung der Wochentage entstand

Die uns mittlerweile vertrauten sieben Planeten hat man auch dazu benutzt, den Wochentagen Namen zu geben. Was im Deutschen nicht mehr so ganz erkennbar ist, kann man oft in den Sprachen unserer Nachbarländer wesentlich klarer sehen:

Montag – Tag des Mondes
(frz. lundi, la lune: der Mond; ital. lunedi, la luna,
engl. monday, the moon)

Dienstag – Tag des Mars
(franz. mardi, ital. martedi)

Mittwoch – Tag des Merkur
(franz. mercredi, ital. mercoledi)

Donnerstag –Tag des Jupiter
(franz. jeudi, ital. giovedi)

Freitag – Tag der Venus
(franz. vendredi, ital. venerdi)

Samstag – Tag des Saturn
(engl. saturday)

Sonntag – Tag der Sonne
(engl. sunday)

4

Die sieben Planetenjahre

*Die sieben Planeten. Im Zentrum das Zuordnungssystem
Planeten - Wochentage.
Holzschnitt, Ende 15. Jahrhundert.*

Im letzten Kapitel haben wir bereits ein paar Eigenschaften der sieben Planeten und ihre Wirkung auf uns Menschen kennengelernt. Die Forschungen des Mauritius Knauer, des streitbaren Abtes aus Langheim, gingen allerdings wesentlich weiter. Vor 300 Jahren stritt man sich über viele Dinge des täglichen Lebens – so natürlich auch über das Wissen um die Kalendereinteilung während des Jahres. Wegen seiner damals utopischen Aufzeichnungen wurde Knauer heftigst angegriffen. Allerdings sind wir auch heute noch lange nicht so weit, daß wir die Geheimnisse der Wetterumstände lüften können. Kein Meteorologe dieser Erde wagt es bisher, genauere Prognosen über einen längeren Zeitraum hinweg aufzustellen. Wir alle kennen das ja aus dem Fernsehen: Die Vorhersagen der „Wetterfrösche" sind nicht immer für bare Münze zu nehmen.

Eines jedoch haben alte und neue Wettervorhersagen gemeinsam: Im Kern sind sie oft wahr. Und so kann mancher Hinweis auf Sonne oder Regen von hoher Zuverlässigkeit sein. Althergebrachte Ausdrücke wie „Eisheilige" oder „Schafskälte" haben durchaus auch heute von ihrer Aktualität nichts verloren. In seinem „immerwährenden Kalender" manifestierte Knauer viele seiner Beobachtungen, Rückschlüsse und Überzeugungen. Sein Glaube an die Einwirkung der Planeten auf die Geschehnisse auf der Erde war unerschütterlich. Er schrieb: „Weil alles Untergeordnete vom Einfluß des Übergeordneten bestimmt wird, ist alles Leben und Wachsen auf der Erde vom Walten des Himmels und der Gestirne abhängig."

Seiner Überzeugung nach mußte man sogar auf zweierlei Einflüsse sein Augenmerk richten: die der sieben Planeten sowieso, aber es gab auch noch die zwölf Tierkreiszeichen. Die vorrangige Einflußnahme geht jedoch grundsätzlich von Mond, Saturn, Jupiter, Mars, Sonne, Venus und Merkur aus – daran ließ der Abt keinen Zweifel.

Wichtig bei der Betrachtung dieser Grundregel ist allerdings eines: Jeder Planet formt zwar den Charakter des Jahres, in dem er regiert, den Planeteneinfluß des Vorjahres darf man jedoch nicht außer acht lassen. Nehmen wir an, der Regent des Vorjahres war Saturn. Sein Einfluß macht sich bis in den März seines „Nachfolgers" bemerkbar. Das bedeutet, es bleibt kalt und feucht, aber das bereits „wartende" Jupiterjahr stellt Wärme und Trockenheit in Aussicht. Wir erinnern uns: Das Planetenjahr fängt nicht etwa am 1. Januar an, sondern wechselt den Zyklus am 21. März, dem Beginn des neuen Jahres nach astrologischem Kalender.

Schon Mauritius Knauer hat darauf hingewiesen, daß sich das Wetter nicht alle sieben Jahre genau wiederholt. Es ist durchaus möglich, daß die natürlichen Wirkungen der Jahresregenten durch bestimmte Konstellationen oder andere Einflüsse behindert werden. Es kann aber auch sein, daß die Effekte von Jupiter & Co. verstärkt werden. Nur eines hat sich in all den Jahren bestätigt: Die Grundtendenzen bleiben immer erhalten, und auch die Sieben-Jahres-Wiederholungen sind uns sicher.

Auf den folgenden Seiten wollen wir die einzelnen Jahresregenten genauer kennenlernen und auch mehr über die Wetterprognosen Knauers erfahren. Die Charakteristik der Planeten wird genauer behandelt und natürlich auch deren Auswirkungen auf unser seelisches und leibliches Wohl.

Zur besseren Übersicht hier eine kleine Tabelle, aus der man die Regenten der einzelnen Jahre ersehen kann:

Mond	*1999*	*2006*	*2013*
Saturn	*2000*	*2007*	*2014*
Jupiter	*2001*	*2008*	*2015*
Mars	*2002*	*2009*	*2016*
Sonne	*2003*	*2010*	*2017*
Venus	*2004*	*2011*	*2018*
Merkur	*2005*	*2012*	*2019*

Das Mondjahr
(1999, 2006, 2013)

Der Mond ist der Himmelskörper, der unserer Erde am nächsten ist. Er ist nicht nur nachts sichtbar präsent, sondern kann auch an manchen Tagen gut zu sehen sein. Der Planet, der eigentlich ein Trabant unserer Erde ist, gilt als weiblich. Dem wird im Gegensatz zur deutschen Sprache im Französischen mehr Rechnung getragen (la lune). Man nennt ihn auch „Gebet der Feuchtigkeit" oder „Mutter des Taus".

Nach den Aufzeichnungen Knauers ist er der unterste Planet, und zu seinen Vorteilen gehört, daß er Glück bringt. Der Mond beendet seinen Lauf grob gerechnet alle 28 Tage, genauer gesagt, alle 28 Tage, 7 Stunden und 43 Minuten.

Ein Mondjahr zeichnet sich dadurch aus, daß Feuchtigkeit und Kälte vorherrschen. Der Sommer während dieses Zyklus' ist zwar grundsätzlich warm, aber nicht zu heiß und oft von kühlen Winden unterbrochen.

Der **Frühling** eines Mondjahres kann feucht und warm sein, aber es herrscht mitunter Nachtfrost. Fast der gesamte März zeigt sich kalt. Der April wird mit viel Regen begrüßt, der gut zwei Wochen anhalten und von ein paar sonnigen Tagen unterbrochen werden kann. Dann allerdings folgen wieder kältere Tage und am Ende des Monats Regen. Wenn es in diesem Monat wenig regnet, wird dies im Juni oder spätestens Juli um so heftiger nachgeholt. Der Mai bringt dann Erleichterung in Form von heißen Tagen bis Mitte des Monats, dann melden sich Regen und Kälte (auch Hagel und Eis) bis Monatsende zurück. Im Juni werden die Temperaturen dann wieder etwas angenehmer, aber ein paar Regentage sind nach wie vor zu erwarten.

Der **Sommer** bleibt von länger andauernden Unwettern verschont. Blitz, Donner und starker Regen danach sind zwar durchaus möglich, aber das Getreide nimmt dabei keinen Schaden, und nach einer kurzen Zeit blinzelt wieder die Sonne hinter den Wolken hervor. Wie nach einem Gewitter wünschenswert, ist die Luft dann wieder wie ausgewechselt und hat sich wohltuend erfrischt. Sollte diese Jahreszeit größere Hitze bringen, läßt sie eine ganze Zeitlang auf sich warten und hält nicht lange an. In der Regel bleibt es jedoch recht kühl, und bis Ende August will der Regen keinen Abschied nehmen. Die ersten Tage des Septembers sollte man sich warm anziehen, denn es ist richtig kalt, und um die Monatsmitte herum kann sich schon Frost oder Reif einstellen. Der weitere Verlauf des Sommers ist sehr wechselhaft und zeigt eine Mischung aus schönem, warmem Wetter und eher feuchter Witterung.

Der **Herbst** kündigt sich mit unfreundlicher Kälte an, ist ziemlich feucht und außerdem ausgesprochen unbeständig. Spätestens Mitte Oktober ist es dann so richtig kalt. Es kann sich auch ein regelrechter Dauerfrost entwickeln. Regen-

und Schneefälle sind jetzt durchaus an der Tages- und Nachtordnung. Der November präsentiert sich anfangs mit starkem Regen, darauf folgt Frost. Möglicherweise wird die zweite Monatshälfte etwas milder. Aber Ende November klopft schon hörbar der Winter an.

Der **Winter** beginnt mit mittelmäßiger Kälte. Die feuchte Witterung nimmt zu, es wird aber nicht sehr kalt, so daß Schnee noch keine Chance hat. Dessen Auftritt erfolgt dann im Dezember, wobei die weiße Pracht von Regen oft schnell wieder weggespült wird. Wer auf richtigen Winter hofft, muß bis nach dem 20. Dezember warten. Da nämlich hält empfindliche Kälte Einzug. Mildere Tage stellen sich Mitte Januar ein, aber bis zum 25. gewinnt die Kälte wieder die Oberhand. Bis Mitte Februar kann es Regen geben, und erst gegen Ende dieses Monats kündigen sich wärmere Tage an. Der März versucht es zu Anfang noch mit etwas kalter Luft, besinnt sich aber dann mit wärmerer Witterung und öffnet schließlich dem nächsten Planetenjahr, auf das Saturn schon wartet, die Pforten. Starke Winde, die Orkanqualität haben können, sind während des gesamten Winters möglich. In solchen Fällen kann auch Regen kräftig mitmischen.

*Hier noch einmal in Kurzform die Monatsübersicht
für das Mondjahr 1999:*

März:
Unfreundlich, kalt, rauhe Winde. Schöne Tage allenfalls in
der Monatsmitte

April:
Zwei Wochen lang viel Regen, dann warme Tage. Unter-
irdischer Frost möglich. Stürmisch und kalt. Wenn es
wenig regnet, kommt es im Juni und Juli um so dicker.

Mai:
Bis Monatsmitte warm, zeitweise sogar heiß.
Vereinzelt kann es regnen, danach wird's kälter.
Hagelschauer sind durchaus möglich.

Juni:
Schönes Wetter sehr wahrscheinlich, aber der Regen
läßt sich nicht ganz in den Hintergrund drängen.

Juli:
Es kann sehr feucht werden, wenn der vorletzte Sommer
sich durch Trockenheit ausgezeichnet hat.
Regenwahrscheinlichkeit bis August. War der vorletzte
Sommer feucht, ist diesmal schönes Wetter in Aussicht.

August:
Ähnlich wie der Juli.

September:
Er fängt naß und regnerisch an, Frost und Reif lassen
nicht lange auf sich warten. Feuchtes und schönes
Wetter wechseln sich ab.

Oktober:
Am Anfang kalt und viel Regen. Monatsmitte ist geprägt
von Frost, Schneefall, Regen.

November:
Erst starker Regen, dann Frost.
Zweite Hälfte wird milder, dann kommt der Winter.

Dezember:
Viel Regen, viel Feuchtigkeit. Gegen Ende Schnee, Kälte,
trübe Witterung.

Januar:
Bis zur Mitte des Monats feucht, trüb, kalt.

Februar:
Zwei Wochen lang Schnee und Regenfälle, dann siegt das
schöne Wetter – es wird milder.

Landwirtschaft und Garten im Mondjahr 1999

Da der Sommer im Mondjahr aller Voraussicht nach spät
kommen und sehr heiß sein wird, sollte man Sommerfrüch-
te nicht zu spät aussäen. Entscheidend ist auch, was man
aussät, denn der August wartet mit viel Regen auf. Wenn
man Ende dieses Monats ernten will, besteht die Gefahr,
daß das Erntegut verregnet oder gar am Boden bzw. an den
Sträuchern verfault ist. Sehr praktisch wäre ein Gewächshaus, in dem man die Pflanzen jederzeit vor Wind und Wetter schützen kann. Den richtigen Zeitpunkt für die Herbstsaat zu finden ist etwas schwierig, da der Winter ver-
hältnismäßig früh hereinbricht und sich durch empfindlich
niedrige Temperaturen auszeichnet. Eine solch strenge Witterung fördert nicht gerade das Wachstum. Beim Säen ist
darauf zu achten, daß der Samen möglichst tief in die Erde

eingebracht wird. Der im Winter zu erwartende Regen könnte ansonsten alles wieder ausschwemmen.

Für die Obsternte im Obstgarten sieht es im Mondjahr schlecht aus. Ausnahme: das Wachstum von Zwetschgen und Äpfeln. Diese beiden Früchte werden im Überfluß gedeihen – aber nur an manchen Orten. Bei der Birnenernte dagegen muß man mit Einbußen rechnen. Jahre mit dem Mondregenten begünstigen diese Ostsorte leider nicht sehr. An Süßkirschen wird es keinen Mangel geben, Sauerkirschen hingegen haben schlechte Karten: Das Wetter macht hier einen Strich durch die Rechnung, so daß die Ernte eher dürftig ausfallen wird. Sämtliche Nußsorten – außer den Haselnüssen – wachsen relativ gut, und den Ernteerfolg könnte man als normal bis reichlich bezeichnen.

Da sich der Winter relativ früh anmeldet, sieht es für die Weinernte im Mondjahr nicht so gut aus. Über die Stufe eines Tafelweines wird die Traubenqualität nicht hinaus reichen, und hierbei besteht immer noch das Risiko, daß der Geschmack eher als sauer zu bezeichnen sein wird. Es ist darauf zu achten, die Weinlese früh genug zu starten – der frühe Frost könnte sonst alles zunichte machen. Da es auch keinen warmen Herbst geben wird, sollte die Arbeit in den Weinbergen spätestens Mitte Oktober abgeschlossen sein. Eine Wetterbesserung ist nämlich nicht in Sicht.

Bei den vorherrschenden Witterungsverhältnissen kann es zu einem verstärkten Aufkommen von bestimmtem Ungeziefer kommen. Heuschrecken, Frösche, Kröten und Schlangen halten sich mit der Vermehrung zwar zurück, dafür aber kann es wahre Scharen von Würmern und Mäusen geben – nicht nur kurzfristig, sondern über einen Zeitraum von Sommer bis Winter. Da heißt es: Aufpassen im Gemüsegarten! Diese Tiere sind imstande, eine ganze Ernte zu zerstören. Den Bauern auf dem Feld macht es zu schaffen, daß verstärkt Raben auftreten. Das Ausbringen der Saat kann so erheblich behindert werden. Das Mondjahr ist aber auch ein wahres Paradies für Schmetterlinge. Sie fühlen sich so richtig wohl und flattern überall umher.

Gesundheit im Mondjahr 1999

Der Mond beeinflußt in puncto Wohlbefinden vor allem unsere Augen, und zwar bei Frauen das rechte und bei Männern das linke. Auch Magen, Blase, Geschmackssinn und Geschlechtsorgane werden vom Mond „beobachtet". Sollte es in einem solchen Jahr zu Krankheiten kommen, liegen diese Organe besonders im Gefahrenbereich.

Allgemeine Charakteristik des Mondes

Wir haben erfahren, daß der Mond zu den weiblichen Planeten gezählt wird. Er gilt somit als Planet der Mütter, Ehefrauen und Witwen. Der Mond ist aber auch besonders dem eher einfachen Volk zugetan, das sich in Bewegung halten muß, um über die Runden zu kommen – im Gegensatz zu den Reichen, die ihre Schäfchen bereits im trockenen haben. Jene Menschen, die im Mondjahr und gleichzeitig im Tierkreiszeichen Krebs geboren wurden, haben Eigenschaften, die sie von anderen unterscheiden: Sie sind unruhig und im täglichen Leben oft auch unbeständig. Sie lieben es, auf Reisen zu gehen. Ein längerer Aufenthalt an ein und demselben Ort ist nichts für sie. Der Mond hat auch ein waches Auge auf alles, was feucht ist – also auf Meere und Flüsse.

Das Saturnjahr
(2000, 2007, 2014)

Nach der von Abt Mauritius Knauer erstellten Hierarchie ist der Saturn der erste und höchste Wandelstern unter den „großen Sieben". Wegen seiner behäbigen Bewegungen und seiner starken Auswirkungen gilt er bei vielen als Unglücksplanet. Er ist am Sternenhimmel am schlechtesten zu erblicken, da er am weitesten von der Sonne entfernt ist. Ganze 30 Jahre benötigt er, um seinen Lauf zu vollenden und alle Tierkreiszeichen zu durchwandern.

Das Saturnjahr zeichnet sich durch Kälte und Feuchtigkeit aus. Es ist zwar möglich, daß in einigen Monaten Trockenheit herrscht, aber im August und während des gesamten Herbstes besteht eine hohe Regenwahrscheinlichkeit.

Der **Frühling** präsentiert sich von März an sehr kalt. Dies kann bis in den Mai hinein so sein. Ein paar warme Tage im

47

April sind zwar durchaus im Bereich des Möglichen, aber die kalte Witterung gewinnt letztendlich doch die Oberhand. Im Mai kündigen sich dann schöne, sonnige Tage an, aber nachts ist es noch immer ziemlich kalt, und durch den zu erwartenden Reif können die Pflanzen Schaden nehmen. Der Regen hält sich jetzt eher zurück. Eine gewisse Sonnengarantie hat man erst Anfang Juni, und so steigen auch die Temperaturen an. Allerdings sorgt hin und wieder der Regen für Abkühlung. Blumen und Gras kommen im Saturnjahr erst spät. Im Frühjahr drohen zwar Gewitter, auch mit Hagel, aber es wird dadurch kein größerer Schaden angerichtet.

Schön warm und sonnig geht der **Sommer** los – zumindest im Juli. Gegen Ende des Monats allerdings wird's wieder feucht. Im August herrscht größtenteils Kälte. Dauerregen ist sehr wahrscheinlich, und so kann der Pflanzenwuchs entscheidend behindert werden. Wenn der Sommer im vorangegangenen Mondjahr schön warm war, kann er diesmal stürmisch und regnerisch werden.

Auch der **Herbst** zeichnet sich durch Kälte und Feuchtigkeit aus. Der Regen tobt sich so richtig aus, und auch die kalte Witterung meldet sich früh an. Frost ist bereits Mitte Oktober zu erwarten. Im November drängen sich noch ein paar schöne Tage in den Vordergrund, die aber hier und da von Regen unterbrochen werden.

Zum Anfang des **Winters** klopfen Schnee und Kälte pünktlich an. Im Vorfeld kündigt sich das mit feuchtem Wetter und teilweise sehr starken Regenfällen an. Im Saturnjahr behauptet der Winter hartnäckig bis in den April hinein seine Vormachtstellung. Sowohl Mensch als auch Tier müssen sich auf diese extreme Witterung einstellen.

Die Monatsübersicht für das Saturnjahr 2000 in Kürze:

März:
Kalt und trocken.

April:
Am Anfang etwas wärmer, ab Monatsmitte
wird's wieder kälter.

Mai:
Warme Tage, aber kalte Nächte. Weniger Regen,
nachts jedoch Reifbildung.

Juni:
Sehr angenehmes Wetter, schön warm.
Einige Regentage „mogeln" sich aber dazwischen.

Juli:
Am Monatsanfang schön warm, dann aber
von Mitte bis Ende feucht.
Regen und Sturm werden erwartet.

August:
Starke Neigung zu Dauerregen.

September:
Relativ heiß, mit Gewittern.

Oktober:
Erste Hälfte viel Regen, die zweite Hälfte ist kalt.

November:
Wieder ein bißchen wärmer, aber mit sehr viel Regen.

Dezember:
Der Weihnachtsmonat ist bis zum letzten Drittel verregnet.
Dann herrschen Schnee und empfindliche Kälte.

Januar:
Äußerst kalt, viel Frost, viel Schnee.

Februar:
Der strenge Winter setzt sich fort.

Landwirtschaft und Garten im Saturnjahr 2000

Wir erinnern uns: Das vorangegangene Mondjahr zeichnete
sich vor allem durch eine kühle Witterung aus. Daher sollte
man Geduld aufbringen, wenn es ums Aussäen geht. Dies
darf keinesfalls zu früh geschehen. Die beste Wahl des Zeit-
punkts wird wohl die Mittelsaat sein. Sie sollte ausreichend
tief ausgebracht werden, da sie durch die Regenmassen
sehr leicht ausgewaschen werden kann. Einen Vorteil haben
die Niederschläge aber: Obst und Gemüse werden in voller
Pracht wachsen, weil sie wahrlich ausreichend bewässert
wurden. Allerdings muß man rechtzeitig ernten, denn die
viele Feuchtigkeit kann natürlich auch zur Fäulnis der
Gewächse führen. Da die Kälte sich in diesem Jahr sehr früh
zeigt, stehen Winteranbau und Herbstsaat unter einem
nicht so guten Stern. Wichtig ist es, zeitig und möglichst tief
auszusäen, bevor die Witterung zu kalt wird.

Die Obsternte wird dieses Jahr nicht viel bringen. Für die
Zwetschgen sieht es schlecht aus, und auch die Nußernte

zeigt gewisse Schwächen. Bei der Kirschernte sollte man ebenfalls seine Erwartungen nicht zu hoch schrauben. Das Gemüsebeet im Garten benötigt einen Schutz. Am besten eignet sich dafür ein Gewächshaus, das man durch Offenlassen oder Schließen den jeweiligen Witterungsverhältnissen anpassen kann.

Viel Regen und sehr früher Frost kennzeichnen den Weinanbau. Aus diesem Grund ist es eher unwahrscheinlich, daß es zu einer guten Ernte kommt. Der Frühling weckt zwar Hoffnung für die Weinstöcke, aber die Trauben haben nicht genügend Zeit zu reifen. Dazu ist es entweder zu naß, oder die Kälte bricht über die Weinberge herein und beschert Frost. Das „ärgert" den Wein in diesem Jahr, und so schmeckt er dann auch: sauer!

Schlangen und Kröten haben im Saturnjahr keine Hochkonjunktur. Deren Zahl hält sich in Grenzen. Im Winter kommen allerdings verstärkt Mäuse zum Vorschein, gegen die man aber rechtzeitig Vorsorge treffen kann. Da der Winter besonders kalt ist, werden Mehlwürmer und Raupen fast vollständig vernichtet.

Gesundheit im Saturnjahr 2000

Der Saturn „kümmert" sich im menschlichen Organismus um die Milz, das rechte Ohr, die Blase, die Beine und die Zähne. Im Falle von Krankheiten sind diese Organe bzw. Körperteile also besonders gefährdet. Das Saturnjahr begünstigt Beschwerden – speziell die langwierigen – oft gegen Sommerende und im Herbst.

Allgemeine Charakteristik des Saturn

Der Saturn gilt als der Planet der Eingrenzung, der Beschränkung und Disziplin. Auch das Alter, die Väter, Ahnherren und Urahnen, die Bauern, Bettler und Bergleute werden ihm zugeordnet. Wohl aus diesen eher düsteren Gründen wird der Saturn in einem Planetenbuch aus dem 16. Jahrhundert wie folgt dargestellt: als nackter alter Mann, der eine Sichel in der linken Hand und ein kleines Kind in der rechten hochhält. Sein Blick zeigt Zorn und große Bitterkeit – alles in allem eine nicht gerade einladende Vorstellung. Ihm zur Seite steht ein Widder, hinter ihm ein bekleideter Mann, der etwas aus einem Gefäß ausgießt. Alle drei Figuren schauen nicht gerade gutgelaunt...

Der gesamte Planet strahlt Kälte und Abweisung aus. Nicht nur Abt Knauer, sondern auch viele andere alte Lehrmeister waren der Meinung: Wäre Saturn so nahe an der Erde wie der Mond, so würde auf unserem Planeten ausschließlich Winter herrschen.

Eine alte Überlieferung besagt: Alle Menschen, die in einem Saturnjahr auf die Welt gekommen sind, und alle, die im Tierkreiszeichen des Steinbocks geboren wurden, sollten von magerer Gestalt, am Ende gar krumm und bucklig sein. Diese Menschen sind oft verzagt und schreckhaft, sie sind keine Liebhaber vieler Worte, man sagt ihnen einen Hang zum Aberglauben nach, und sie neigen stark zu Traurigkeit. Aber sie haben auch Vorzüge: Sie scheuen nicht die Arbeit, sind nüchtern und besonnen.

Das Jupiterjahr
(2001, 2008, 2015)

Das Jahr unter der Regentschaft des Jupiters ist alles in allem ein rundum positives. Dieser Planet folgt direkt dem Saturn, am Himmel erscheint seine Gestalt groß, klar und schön. Sein Lauf ist alle zwölf Jahre abgeschlossen. Das bedeutet, daß er in jedem Tierkreiszeichen genau ein Jahr bleibt.

Der vorangegangene Saturn beeinflußt das Wetter im Jupiterjahr noch ganz erheblich. Da der harte Winter einen sehr langen Atem hatte, ist der Frühling noch von einer Kältewelle geprägt. Wärme und Feuchtigkeit herrschen vor, die Trockenheit hält sich stark zurück. In diesem Jahr ist es durchaus möglich, daß alles ungefähr drei Wochen später reift als gewöhnlich.

Der **Frühling** zeigt sich bis in den Mai hinein feucht und kalt. Dann kommt schönes Wetter zum Vorschein – ab

Monatsmitte scheint die Sonne, und die Temperaturen steigen in den angenehmen Bereich. Ende des Monats wird es dann wieder regnerisch, die Grade fallen.

Der **Sommer** beginnt eher zaghaft und schüchtern, Kälte und Feuchtigkeit sind anfangs noch vorherrschend. Langsam jedoch wird es warm, und die Jahreszeit verabschiedet sich mit sehr hohen Temperaturen. Dazwischen drängen sich allerdings auch Gewitter mit Regenschauern, deren Schaden sich aber in Grenzen hält. Wenn im Februar, März, April oder Mai eine Sonnenfinsternis zu sehen war, ist der Sommer recht dürr. Dies kommt aber nur etwa alle 28 Jahre vor. Für Wasserratten und Schwimmbegeisterte ist das Jupiterjahr im Sommer ein wahres Paradies.

Den **Herbst** kann man hauptsächlich daran erkennen, daß es von Anfang bis Ende viel regnet. Also herrscht im großen und ganzen Feuchtigkeit vor. Durch eine sichtbare Sonnenfinsternis kann das jedoch ganz anders aussehen.

Viel Kälte und Mengen von Schnee bringen die ersten Tage des **Winters**. Danach allerdings ist die weiße Pracht schnell wieder verschwunden, und bis Ende der Jahreszeit ist es eher mild und vor allem schneefrei. Dafür sind starke Winde zu spüren – nicht nur im Winter, das ganze Jahr wird davon begleitet sein. Vorherrschend sind West- und Südwind, der Ostwind kommt seltener vor.

Auch hier wieder die Monatsübersicht
des Jupiterjahres 2001 im Überblick:

März:
Anfangs kalt und windig, mit rauher Luft.
Schnee, Wind und Regen wechseln sich ab.
Es wird zwar allgemein heller, bleibt jedoch
ziemlich kalt.

April:
Das Jahr unter Jupiter-Regentschaft hat etwas Mühe,
die Witterungen des Saturnjahres zu vertreiben.
Bis in den April hinein ist die Kälte
das stärkere Element.

Mai:
Nach wie vor feucht und kalt. Sonniges Wetter um
die Monatsmitte – aber nur für eine Woche.

Juni:
Schönes Wetter kann sich noch nicht durchsetzen.
Immer noch kühl.

Juli:
Es wird warm, aber Gewitter sind im Anzug.

August:
Heißer Monat, aber die Gewitterneigung
ist noch nicht vertrieben.

September:
Viel Regen, alles wird feucht.

Oktober:
dito.

November:
Es regnet immer noch viel, und so langsam
zeigt sich auch leichter Frost.

Dezember:
Das Wetter kann sich nicht so recht entscheiden. Schnee,
Wind, Kälte, Sonne – von allem ein bißchen etwas.

Januar:
Erstes Drittel mit Graupelschauern und mittelwarm,
dann wird es eher unbeständig und sehr windig.
Am Ende des Monats gibt es eine Mischung aus Regen,
Schnee, Wind und Nebel.

Februar:
Der Monat fängt trüb und regnerisch an. Dazu kommen
Nebel und Wind, danach Kälte und Frost. Im letzten Drittel
ist es morgens zwar noch empfindlich kalt, ab mittags
jedoch traut sich die Sonne heraus, und es herrscht
liebliches Wetter. Ende des Monats rauh und kalt.

Landwirtschaft und Garten im Jupiterjahr 2001

Obst und Gemüse gedeihen ausgesprochen gut. Voraussetzung ist allerdings, daß der Sommer nicht zu dürr wird.
Auch der Bauer auf dem Feld kann sich freuen: Alles sprießt
reichlich. Da ein warmer Frühling durch die Kälte des letzten
Planetenjahres noch auf sich warten läßt, kann man aber
die Aussaat erst sehr spät nach draußen bringen. Vorsicht
vor Regenperioden! Die Wetterverhältnisse sind noch sehr
schwankend, und man sollte gut auf seine Ernte achten.

Die Herbstsaat darf nicht zu spät ausgebracht werden,
denn innerhalb von wenigen Tagen kann das Wetter Kapriolen schlagen – dann ist es zu spät, selbst wenn der Winter
noch auf sich warten läßt. Eines kann man im Jupiterjahr

fast ganz vergessen: die Nußernte. Auch der Weinbau steht unter keinem guten Stern. Nur vereinzelt bringen Jahre unter Jupiterherrschaft Klasseweine hervor – dies jedoch ist die absolute Ausnahme. Für einen durchschnittlichen Tischwein reicht es aber allemal. Auch hier beschert die Sonnenfinsternis eine Abweichung von der Regel: Wenn in den Jahren unter Jupiter, Mars, Sonne, Venus oder Merkur im Frühling eine Sonnenfinsternis stattfindet, kommt jeweils ein sehr guter Wein heraus. Auch das Auftauchen eines Kometen kann die Weinqualität positiv beeinflussen. Das hat natürlich einen guten Grund. Eine Sonnenfinsternis oder ein Komet haben Regen zur Folge, dann einen warmen und sehr trockenen Sommer. Die Weintrauben fühlen sich wohl und bescheren uns einen sehr guten Tropfen... Die Auswirkungen eines Kometen können sich auch erst ein Jahr später einstellen.

Das meiste Ungeziefer hat im Jupiterjahr keine Chance. Schlangen, Heuschrecken und Kröten gibt es nur sehr wenige. Aber auch hier muß man mit Mäusen rechnen – besonders im Spätherbst, und dann ist sogar eine regelrechte Plage nicht auszuschließen.

Gesundheit im Jupiterjahr 2001

Planet Jupiter wirkt im menschlichen Körper auf das Knochengerüst, die Leber, die Lunge, Knorpel und die Pulsadern. In Jahren unter diesem Regenten hat man kaum mit Krankheiten zu kämpfen. Hin und wieder können zwar Kopf- oder Kreuzschmerzen auftreten, aber alles in allem kann man sagen: Jupiterjahre sind gesunde Jahre.

Allgemeine Charakteristik des Jupiter

Jupiter ist der Herrscher aller Planeten. Seine Attribute sind: feucht, mittelmäßig lebhaft, heiter und rundum ansprechend. Jupiter ist ein männlicher Planet, freundlich und der menschlichen Natur wohlgesinnt. Er wird auch „das große Glück" genannt. Menschen, die unter Jupitereinfluß geboren wurden – unter den Tierkreiszeichen Schütze oder Fische –, haben sehr oft eine helle Haut. Sie haben einen wohlgeformten Körper, sind voller Optimismus und Lebensfreude. Außerdem zeichnen sie sich durch einen großen Gerechtigkeitssinn aus, durch Treue und Freigebigkeit. Sie sind vorausschauende Naturen und führen ein glückliches Leben. Bei all diesen positiven Eigenschaften können sich aber auch negative bemerkbar machen: Planet Jupiter fördert Ehr- und Prunksucht und von Fall zu Fall auch Hochmut.

Das Marsjahr
(2002, 2009, 2016)

Mars, der Planet des Krieges – das klingt zunächst sehr negativ. Aber Mars ist auch der Planet des Sieges und der Alchimie. Im Jahr unter diesem Regenten überwiegt trockenes Wetter vor Feuchtigkeit. Trotzdem hat der Regen ab und zu seinen Auftritt. Die überwiegend trockenen Tage kann er jedoch nicht verdrängen.

Der **Frühling** kommt normalerweise trocken daher, ist aber noch ziemlich kalt. Diese Witterung zieht sich bis fast in den Juni hinein. Natürlich wirkt sich das auf das Pflanzenwachstum nicht gerade günstig aus.

Im Marsjahr wird der **Sommer** so, wie man es sich vorstellt: heiß. Über einen Zeitraum von Wochen kann es sein, daß es nicht einmal regnet. Auch die Nächte bleiben relativ warm, und eine Abkühlung findet nicht statt. So mancher

59

Fluß oder Bach führt sehr wenig Wasser und läuft Gefahr auszutrocknen.

Im **Herbst** kann es zu sehr unterschiedlichen Witterungsverhältnissen kommen. Es ist möglich, daß er sich mehr trocken als feucht zeigt, oft aber ist er kühl, dann herrscht Feuchtigkeit vor. Der Oktober wird häufig von Frost begrüßt, im November ist die Wahrscheinlichkeit aber groß, daß es noch mal warm wird.

Vor dem Advent ist kaum mit **Winter** zu rechnen. Die Jahreszeit beginnt sehr trocken, aber es herrscht eisige Kälte. Das Marsjahr beschert uns einen unbeständigen Winter, geprägt von großer Kälte, Schnee und kaltem Regen.

Das ganze Jahr über kann es zu starken Unwettern kommen. Gewitter mit Hagel und orkanartigen Stürmen sind keine Seltenheit. Auch Blitzschlag liegt im Bereich des Möglichen. Die Gefahr von Hochwasser und Überschwemmungen besteht allerdings nicht.

Hier unsere Monatsübersicht
des Marsjahres 2002 in Kürze:

März:
Die Temperaturen schwanken erheblich, Schnee und
Regen wechseln sich ab. Es gibt sehr klare Tage,
am Monatsende kommt noch einmal Frost.

April:
Bis Mitte des Monats herrscht Morgenfrost. Noch kann
Schnee fallen, der aber später in Regen übergeht.
Das warme und schöne Wetter zeigt sich erst
gegen Ende des Monats.

Mai:
Kühle Luft und Rauhreif kennzeichnen den Mai
zu Anfang. Dann wird es etwas milder. Aber der Frost
kommt um die Monatsmitte zurück. Zum Ende hin
ist es kühl, windig, mit Rauhreif.

Juni:
Rauhreif mit etwas Regen und rauhe Luft, aber nur am
Anfang. Der Rest des Monats bleibt warm und schön.

Juli:
In den ersten zwei Wochen herrscht große Hitze.
Nachts kühlt es kaum ab. Aber auch Hagel und starke
Gewitter können vorkommen. Danach wird es wieder
kühler, und am Monatsende wird es wohl regnen.

August:
Heiß und trocken, mit Neigung zu Gewittern und sogar
größeren Unwettern. Auch hier kühlt es nachts kaum ab.

September:
In der ersten Hälfte ist es noch richtig schön sommerlich.
Dann aber wird es allmählich kühler – der Herbst
kündigt sich an.

Oktober:
Rauhreif und Regen am Monatsanfang. Im zweiten Drittel

wird es noch einmal schön sonnig, dann betritt
der Frost die Bühne.

November:
Trotz Herbst – es bleibt den größten Teil des Monats
warm und freundlich. Schnee: Fehlanzeige.

Dezember:
Dieser Monat zeigt sich unbeständig. Es ist frostig und
trüb, und jetzt schneit es auch. Die Kälte nimmt zum
Monatsende hin zu.

Januar:
Am Anfang recht kalt, im letzten Drittel herrschen
wechselhafte Wetterbedingungen. Der Monat
verabschiedet sich mit Schneeregen.

Februar:
Er beginnt trüb und regnerisch, in der zweiten Woche
setzt sich schönes Wetter durch. Danach allerdings
gibt es Schnee, und der Februar klingt mit
kalter Witterung aus.

Landwirtschaft und Garten im Marsjahr 2002

Die Pflanzen benötigen eine besondere Pflege, da im Jahr
des Mars trockenes Wetter dominiert. Die Aussaat darf erst
spät beginnen, da das Frühjahr sich durch lang anhaltende
Kälte ausgezeichnet hat. Später ist dann viel Gießen angesagt, damit die jungen Gewächse nicht austrocknen. Im Jahr
des Regenten Mars läßt der Winter relativ lange auf sich
warten, daher muß man es mit der Herbstaussaat nicht so
eilig haben.

Marsjahre sind keine Obstjahre. Grund ist auch hier die
Trockenheit, die in diesen Planetenjahren herrscht. Allen-

falls die Birnenernte könnte Anlaß zur Freude geben. Demgegenüber wird Äpfeln und Kirschen, Zwetschgen und Nüs-
sen kein großer Erfolg beschieden sein.

Der Marszyklus läuft den folgenden sieben Jahren sehr
oft in puncto Weinernte eindeutig den Rang ab. Die Chancen für einen phantastischen Tropfen stehen sehr gut. Aber
wie so oft gibt es auch hier eine Ausnahme: Befinden sich
die Reben in ungeschützter Lage, können die Trauben
erfrieren. Schuld daran ist die hartnäckige Kälteperiode im
Frühjahr. Wenn es einen beständigen Herbst gibt, können
sich die Winzer mit geschützten Rebanlagen freuen. Aber:
Diese Jahreszeit darf eben nicht zu naß sein.

Die Witterungsverhältnisse unter der „Oberaufsicht" von
Mars begünstigen die Vermehrung von Ungeziefer. Würmer
und Schmetterlinge, Heuschrecken sowie Schlangen wird es
reichlich geben.

Gesundheit im Marsjahr 2002

Planet Mars wirkt auf das linke Ohr, die Adern, die Galle
und auf sämtliche Geschlechtsorgane – die sichtbaren und
die verborgenen. Im Jahr des Mars können auch Fieber,
Geschwüre und Hautunreinheiten zunehmen.

Allgemeine Charakteristik des Mars

Der Mars ist ein sehr heller Stern, der an einen Feuerball
erinnert. Somit werden ihm die Attribute heiß, trocken und
aufbrausend zugeschrieben. Die Energie, die mit dem Mars
in Verbindung gebracht wird, ist eine aggressive. Der Planet gilt als Patron aller Schmiede, Schlosser und Handwer-
ker, die in irgendeiner Form mit Feuer zu tun haben. Als Planet des Krieges sieht man ihn als bösen Kriegsstifter, der
alle Schattierungen von Streit, Zank und Zwiespalt im Gefol-
ge hat. Alle, die in einem Marsjahr oder unter dem Zeichen

des Widders oder Skorpions geboren wurden, müssen sich durchs Leben kämpfen. Nichts wird ihnen geschenkt. Mars schreckt unglücklicherweise auch nicht davor zurück, Gewalttaten und sonstige Roheiten zu fördern. Unter seinem Einfluß kann man wild, jähzornig, wütend, verschwenderisch, vermessen und unverschämt werden.

Das Sonnenjahr
(2003, 2010, 2017)

Die Sonne ist das Symbol für Macht und Beständigkeit. Sie stellt praktisch das Auge und das Leben auf der ganzen Welt dar. Am Himmel zeigt sie sich uns leuchtend und klar. Geht sie auf bzw. unter, ist Venus an ihrer Seite.

Der **Frühling** zeichnet sich durch Wechselhaftigkeit aus – zumindest am Anfang. Der April liebt die Feuchtigkeit, aber mit dem Mai kommt bereits das schöne und trockene Wetter zum Vorschein. In den letzten Tagen dieses Monats kann es allerdings durchaus sein, daß sich Frost und Reif noch ein Stelldichein geben. In diesem Falle kann es noch bis in den Juni hinein ungemütlich kalt sein.

Wer glaubt, in einem Sonnenjahr schlage der **Sommer** mit Sicherheit keine Kapriolen, der irrt. Auch hier können noch Frost und Reif die Stimmung trüben. Der Regen hält sich entschieden zurück, und der Boden kann sogar unter einer gewissen Dürre leiden. Der August präsentiert sich mit temperamentvollen Wettervarianten, beruhigt sich aber dann anschließend wieder. Der Sommer des Sonnenjahrs wird sehr heiß sein, in der Nacht gibt es aber ausreichend Abkühlung. Das Wetter in dieser Jahreszeit ist zwar generell als sehr schön zu bezeichnen, aber es ist von Zeit zu Zeit auch sehr unberechenbar – besonders, wenn es in Richtung Herbst geht.

Der **Herbst** beginnt trocken und schön. Obwohl es tagsüber angenehm warm bleibt, lassen die Nachtfröste nicht lange auf sich warten. Jedenfalls zeichnet sich der Herbst im Sonnenjahr durch viel Sonne und eine Menge warmer Tage aus.

Dafür wird es dann im **Winter** ausgesprochen kalt, und die Trockenheit überwiegt vor der Feuchtigkeit. Zu Anfang muß man von einem eher ungemütlichen, nicht sehr angenehmen Wetter sprechen. Jedoch bessert es sich nach und nach. Der Februar „täuscht" uns zunächst mit recht schönem Wetter, zeigt aber im Verlauf des Monats sein wahres Gesicht und geht mit empfindlicher Kälte zu Ende. Davon bleibt höchstwahrscheinlich auch der März nicht verschont.

In diesem Jahr wird es kaum Hochwassermeldungen oder Bilder von überschwemmten Gebieten geben. Das hindert das Wetter allerdings nicht daran, uns mit Unwettern inklusive Blitz, Donner und Hagel zu bedenken. Die Pflanzen werden aufgrund dieser Ereignisse natürlich einigen Schaden nehmen. Um die Nase wird uns eine steife Brise wehen. Ostbeziehungsweise Nordwinde, zum Teil auch Westwinde kommen vor.

*Und hier die Monatsübersicht des
Sonnenjahres 2003:*

März:
Die Kälte hält sich beharrlich. Regen und Schnee sind
im Wechselspiel zugange. Im letzten Monatsdrittel
sind ein paar schöne Tage zu genießen,
dann folgt wieder Regen.

April:
Der Monat fängt feucht an, das Wetter bleibt
weiter recht unbeständig.

Mai:
Am Anfang herrscht trockenes und freundliches
Wetter, das gegen Monatsende
in Frost umschlägt.

Juni:
Die Hälfte des Monats ist es sehr kalt, danach
steigen die Temperaturen.

Juli:
Die Kälte und die veränderliche Witterung bleiben
bestehen. Herrscht zu Beginn noch Reif, kann man sich
darauffolgend auf heiße Tage freuen. Die Nächte
sorgen jedoch für Abkühlung.

August:
Im ersten Drittel noch wechselhaft, beruhigt sich das
Wetter, und der Rest vom Monat wird von warmem,
angenehmem Wetter gekennzeichnet.

September:
In diesem Monat weiß das Wetter nicht, was es will.
Es gibt viel Regen und schöne Tage im
fröhlichen Wechselspiel alle drei bis vier Tage.

Oktober:
Trockenheit und schönes Wetter zeigen sich
in den ersten zwei Wochen. Der erste Nachtfrost aber
folgt auf dem Fuße. Nachmittags ist es immer
angenehm warm.

November:
Dieser Monat beginnt schön, der Regen jedoch folgt.
Zu Anfang des zweiten Drittels kann es bereits
schneien, und das eine Woche lang – mit eventuellen
Unterbrechungen.

Dezember:
Schneefall eröffnet diesen Monat. Neblig und trüb
ist die Witterung, danach wieder klar und trocken. Zum
Ende hin kommt dann der Frost, wobei
die Sicht klar bleibt.

Januar:
Der Monat ist trocken, die Temperaturen sind
als mittelkalt einzustufen.

Februar:
Schönes Wetter – aber nur bis zur Monatsmitte. Dann
nämlich wird es wieder ganz schön kalt und ungemütlich.

Landwirtschaft und Garten im Sonnenjahr 2003

In diesem Jahr sollte man die Sommersaat rechtzeitig ausbringen. Es wäre gut, wenn sie untersät werden würde. Die Aussaat benötigt sorgfältige Pflege, denn es muß verhindert werden, daß sie in den Trockenperioden austrocknet. Für die Herbstsaat muß ebenfalls der richtige Zeitpunkt getroffen sein. Sie darf allerdings bloß nicht zu früh ausgebracht werden. Zu lange darf man aber auch nicht warten, denn der erste Schnee wird um den 20. November erwartet. Wichtig ist es, möglichst tief in die Erde zu säen, denn das Frühjahr wird ausgesprochen naß, und der Niederschlag könnte die Saat ausschwemmen.

Im Jahr der Sonne verspricht die Apfelernte nicht besonders viel. Demgegenüber wachsen Birnen und Kirschen, in einzelnen Gebieten auch Zwetschgen reichlich. Auch die Nußernte läßt sich sehr gut an.

Sollte im Vorjahr – wider Erwarten – kein guter Wein gewachsen sein, so verspricht das Sonnenjahr endlich die erhofften Erfolge. Mars, Sonne und Venus sind innerhalb des Sieben-Jahre-Zyklus' mindestens einmal, in der Regel sogar zweimal Garanten für ein gutes Weinjahr. Was in einem Jahr ausbleibt, kommt um so erfolgreicher im nächsten.

An Ungeziefer „blühen" in diesem Jahr der Sonne hauptsächlich Heuschrecken, die es dafür aber auch reichlich geben wird. Schlangen und Kröten halten sich da schon eher zurück.

Gesundheit im Sonnenjahr 2003

Die Kraft der Sonne wirkt sich im menschlichen Organismus auf das Gehirn, das Herz, das rechte Auge der Männer, das linke der Frauen, die Nerven (inklusive Sehnerven) sowie auf die gesamte rechte Körperhälfte aus. Im Sonnenjahr gibt

69

es ausgesprochen wenig Krankheiten – so groß ist die Kraft dieses Gestirns. Sollten gesundheitliche Probleme auftauchen, handelt es sich hauptsächlich um Herzklopfen, Erkältungen, Leber- und Magenprobleme. Aber auch ein Geschwür an der Gebärmutter bzw. im restlichen Unterleib kann drohen.

Allgemeine Charakteristik der Sonne

Die Sonne hat die Eigenschaft, sowohl günstige als auch ungünstige Aspekte zu verstärken. Die Natur der Sonne ist männlich, trocken und mittelmäßig warm. Macht und Selbstdarstellung sind diesem Gestirn eigen. Keiner der restlichen Planeten vermag so viel königliche Würde, Ehre und Reichtum zu verleihen. Im Sternzeichen des Löwen und in einem Sonnenjahr Geborene stehen unter dem Einfluß der Sonne. Es ist sehr wahrscheinlich, daß sie sich zu schönen, starken, frommen, großmütigen, aufrichtigen und ruhigen Menschen entwickeln. Ein langes Leben und ein gesunder Körper wird durch die Sonne garantiert. Sie ist das Symbol der Obrigkeit, ein Planet der Fürsten und Freiherren, der Grafen und Könige. Alle, die nach Würde und Ehre streben, füttert die Sonne mit Ehrgeiz. Sie ist seit jeher für den Menschen eine konstante, bis in alle Ewigkeit scheinende Lebensquelle.

Das Venusjahr
(2004, 2011, 2018)

Das Venusjahr zeichnet sich in aller Regel dadurch aus, daß es mehr feucht als trocken ist, zugleich kann es aber auch ziemlich schwül und warm werden. Welches Wetter in den einzelnen Jahreszeiten herrschen wird, darüber gibt uns die Venus keine genauen Informationen.

Vorangegangen ist das Sonnenjahr. Das hat zur Folge, daß der **Frühling** des Venusjahrs seinen Anfang sehr spät findet. Er präsentiert sich ausgesprochen feucht, was sich auf das Wachstum der Pflanzen günstig auswirkt. Aufgrund der hohen Luftfeuchtigkeit sprießt und blüht alles sehr schnell. Die Aussaat verdirbt allerdings, wenn die Witterung zu feucht wird. Bedenkenlos kann man seine Saat ausbringen, ohne Angst haben zu müssen, daß ein verspäteter Frosteinbruch einen Strich durch die Rechnung macht.

War der Frühling nicht zu feucht, wird es einen sehr warmen und schwülen **Sommer** geben. War der Regen im Frühjahr öfter präsent, zeigt sich der Sommer heiß und trocken – was nicht sehr häufig vorkommt. In diesem eher seltenen Fall jedoch hat man gute Chancen, daß der Wein in diesem Jahr Spitzenqualität erreicht. Heiße Perioden dieser Art kommen dann vor, wenn im Februar, März, April und Mai eine Sonnenfinsternis stattfand oder wenn sich – in diesem Jahr oder im Vorjahr – ein Komet am Himmel gezeigt hat. Solche Ereignisse können den Wetterablauf im Venusjahr entscheidend beeinflussen. Die Regel ist jedoch, daß der Venussommer schwül und warm wird. Diese Feuchtigkeit tut der Ernte allerdings nicht besonders gut. Da heißt es, rechtzeitig ans Ernten zu denken, um größeren Schäden vorzubeugen.

Der **Herbst** eines Venusjahrs beginnt warm, die Sonne zeigt sich noch in ihrer ganzen Pracht am Himmel. Ein paar schöne Tage noch, und dann – klopft bereits der Winter an. Ab Mitte November ist verstärkt mit Minusgraden zu rechnen.

Im **Winter** eines Venusjahrs herrscht im allgemeinen Trockenheit, der Regen fällt allenfalls Mitte Februar bis zum Ende dieses Monats. Auch die Kälte hält sich stark in Grenzen, für winterliche Verhältnisse ist das Wetter fast als warm zu bezeichnen.

Das Jahr der Venus wird oft von Unwettern begleitet. Die starken Wolkenbrüche können mancherorts durchaus zu Überschwemmungen führen.

Und hier die Kurzübersicht der einzelnen Monate im Venusjahr 2004:

März:
Das Planetenjahr startet mit viel Regen, aber auch Wärme.

April:
Anfang und Ende des Monats herrscht Frost. Ansonsten ist es feucht und wechselhaft, ziemlich kühl.

Mai:
Der Wonnemonat beginnt sehr schön, aber in der zweiten Woche kann es regnen. Der Niederschlag weicht ab Mitte des Monats schönem Wetter. Zwischendurch streuen sich ein paar Tage mit kalter Luft ein.

Juni:
Der Monat glänzt größtenteils mit schönem Wetter, gegen Ende kommt es wieder zu Regen.

Juli:
Abwechselnd Regen und Sonnenschein. Der Sommer gerät schwül-warm, falls es im Frühjahr wenig geregnet hat. Ansonsten zeigt er sich heiß und trocken. Eine Dürre wäre gar nicht so außergewöhnlich.

August:
Ebenfalls schwül-warm, wenn der Frühling nicht übermäßig feucht war. Ansonsten heiß und trocken, und die Gefahr einer Dürre ist noch nicht ausgestanden.

September:
Die erste Hälfte zeichnet sich durch trübes, regnerisches und windiges Wetter aus. Die zweite Hälfte wird schön und angenehm warm.

Oktober:
Größtenteils warm und schön. Am Monatsende kündigen sich bereits Schnee und Frost an.

November:
Der Winter hält Einzug zur Monatsmitte hin. Schnee und starker Frost kommen auf.

Dezember:
Er kommt frostig daher. Sogar der Boden ist gefroren.

Januar:
Kalt und trocken.

Februar:
Dieser Monat wird ausgesprochen kalt, spätestens ab der dritten Woche regnet es sehr viel.

Landwirtschaft und Garten im Venusjahr 2004

Das Venusjahr verspricht den Profi- und Hobbygärtnern, ein gutes Jahr zu werden. Aber Achtung: Ist der Frühling von viel Feuchtigkeit geprägt, ist die Aussaat besonders früh auszubringen. Es ist nämlich möglich, daß ein sehr trockener Sommer folgt, in dem Regen Mangelware ist. Unter solchen Umständen ist die Ernte in Gefahr – sie trocknet aus. Wenn der Frühling jedoch nicht so naß ist, kann man sich mit der Aussaat Zeit lassen, denn der Sommer wird warm und feucht. In diesem Fall allerdings ist es wichtig darauf zu achten, daß die Ernte durch die Feuchtigkeit nicht verfault.

Der Erfolg der Obsternte ist auch in diesem Jahr wieder vom Frühling abhängig. Ist dieser naß, so gedeiht nichts besonders gut. Normalerweise ist die Regenwahrscheinlichkeit in dieser Jahreszeit jedoch nicht sonderlich hoch, und man kann durchaus mit einem annehmbaren Ertrag rechnen. Recht üppig sein wird die Kirschen-, Apfel- und Zwetschgenernte. Die Birnen hingegen halten sich stark zurück. Speziell für Sauer- und Süßkirschen ist das Venusjahr ein sehr erfolgreiches Erntejahr. Auch Nüsse wird es in ausreichender Zahl geben.

Die Weintraubenernte im Jahr unter Venusregentschaft reicht zwar nicht ganz für einen Spitzentropfen, aber ein sehr guter Tischwein kommt allemal dabei heraus. Man sollte allerdings aufpassen: Die Trauben neigen unter dem Einfluß des diesjährigen Planeten besonders schnell zur Fäulnis.

Der Winter kündigt sich sehr früh an. Das bedeutet, daß die Beete rechtzeitig abgedeckt werden müssen, um zu verhindern, daß das Gemüse erfriert. Schließlich soll es genügend Zeit für den Reifevorgang haben. Ebenfalls aus Gründen des frühen Wintereinbruchs sollte man die Herbstsaat nicht zu spät ausbringen. Weil es viel regnen wird, müssen die Samen tief genug in die Erde eingegraben werden, damit sie nicht ausgewaschen werden.

In diesem Jahr herrscht viel feuchtwarmes Wetter – ein idealer Nährboden für Ungeziefer wie Kröten, Raupen, Heuschrecken. Auch die Mäuse tummeln sich verstärkt zum Ende des Sommers und im Herbst. Ihr Ziel ist die erhoffte Ernte der Menschen. Dem ist wirksam vorzubeugen.

Gesundheit im Venusjahr 2004

Der Venus ordnet man folgende Körperteile zu: die Nieren, die Kehle, die Leber, die Gebärmutter, die Brüste, die Geschlechtsorgane sowie den Geruchssinn. In einem Venusjahr können sich Krankheiten der Geschlechtsorgane häufen. Davon können Menschen beiderlei Geschlechts betroffen sein. Magen- sowie Leberbeschwerden können ebenfalls auftreten. Es kann zu Krankheiten kommen, wenn sich daraus Durchfall oder Geschwüre entwickeln.

Allgemeine Charakteristik der Venus

Den Planeten Venus kann man – neben Sonne und Mond – am häufigsten am Sternenhimmel sehen. Die Venus ist natürlich weiblich, in alten Zeichnungen wird sie durchweg als gütig, voller Schönheit und mit langem Haar dargestellt. Das Gesicht der Venus ist weich und voll, die Augen groß und rund. Diejenigen, die unter dieser Planetenherrschaft geboren wurden, neigen zu Wollust und Müßiggang. Hektik kennen sie nicht, sie lassen sich bei allem viel Zeit. Sollte es doch einmal zu einer stressigen Situation kommen, reagieren sie mit Unverträglichkeit. Stier- und Waage-Geborene sind besondere Venus-Naturen. Der Planet schenkt eine ganze Reihe guter Eigenschaften: Freundlichkeit, Höflichkeit, Güte, Sanftmut und Barmherzigkeit. Venus ist der Planet der Poeten, der Maler und Tänzer und aller Menschen, die gern in Gesellschaft sind und die Stimmung hochhalten. Venus ist aber auch dafür zuständig, daß wir uns körperlich wohl fühlen. Sie sorgt für Harmonie, indem sie Geben und Nehmen ausgleicht.

Das Merkurjahr
(2005, 2012, 2019)

Der Planet Merkur befindet sich sehr nahe bei der Sonne. Es ist ein kleiner, hell schimmernder Stern, der Veränderlichkeit und Unbeständigkeit symbolisiert. Wie sich sein Einfluß auswirkt, hängt davon ab, wie seine Stellung zu den anderen Planeten aussieht. Er paßt sich gern an, wenn er mit seinen „Himmelskollegen" zusammentrifft. Je nach Stand ist er „gut mit Gutem, schlecht mit Schlechtem, aber auch unglücklich mit Unglücklichem, mit Feuchtem feucht". Die typischsten Eigenschaften des Merkurjahres kristallisieren sich beim Wetter heraus. Das Wechselhafte, Überraschende und Unbeständige sind die Hauptmerkmale. Meist herrscht trockene und kalte Witterung, die man nicht gerade als fruchtbar bezeichnen kann.

Der **Frühling** fängt sehr oft warm an und zeigt sich in der zweiten Hälfte noch einmal sehr kalt. Das bedeutet, daß sowohl die Weinlese als auch die sehnlich erwartete Frühjahrsblüte einer großen Gefahr ausgesetzt sind. Auch die Gartenfrüchte leiden unter den schlechten Wetterverhältnissen. Pflanzen müssen bis Ende April warten, ehe sie ihr Wachstum bei warmem Wetter richtig aufnehmen können.

Im **Sommer** eines Merkurjahres regnet es sehr viel. Nur für ganz wenige Tage zeigen die hohen Temperaturen an, in welcher Jahreszeit man sich befindet. Der August ist sogar imstande, uns mit stürmischen Momenten zu überraschen. Nur ganz vereinzelt lassen sich schöne Tage an, die der Bauer nutzt, um Heu und Getreide einzubringen. Eben diese Tage sollte man auch nutzen, um die Gartenarbeit zu erledigen.

Auch der **Herbst** bietet viel Platz für den Regen, und Väterchen Frost setzt oft schon Mitte November seinen Fuß in die Wettertür. Es gibt allerdings Mitte Oktober eine Trockenperiode, die sich bis Anfang Dezember hinziehen kann. Herbstsaat und Weinlese haben bei solchen Witterungsverhältnissen Zeit.

In einem Jahr unter Merkurregentschaft kann der **Winter** ganz rasch eintreffen. Oft ist es schon in den ersten Tagen des Dezembers empfindlich kalt, und es ist sehr wahrscheinlich, daß Schnee fällt. Das kann bis in den Februar hinein andauern. Den gesamten Januar hindurch herrscht Kälte. Gegen Ende Februar wird es zwar recht mild, aber die Kälte hat sich noch nicht ganz aus dem Staub gemacht und macht sich bis Anfang März noch einmal breit. Es folgt eine kurze Tauzeit, bis Mitte März die Kälte zurückkehrt.

Kühler Ostwind ist das Markenzeichen eines Merkurjahrs. Nur manchmal registriert man Westwind. Lüfte aus dem Norden sind eher selten. Der Sommer ist zwar gebeutelt von Wolkenbrüchen, aber richtige Unwetter sind nicht zu erwarten, und auch die Ernte muß nicht fürchten, von Hagel zerstört zu werden.

Auch hier die Monatsübersicht für
das Merkurjahr 2005 in Kürze:

März:
Am Anfang mild, danach wieder kalt. Zum Monatsende hin muß man mit Stürmen rechnen.

April:
Bis über die Monatsmitte hinaus kalt und trocken, dann folgen laue Lüfte.

Mai:
Er beginnt mit lauem Klima, danach wird es eher windig und kühl. Zum Ende des Monats zeigt sich schönes Wetter.

Juni:
Hauptsächlich kalt und regnerisch.

Juli:
Länger anhaltende Regenfälle, jedoch warm.

August:
Die ersten zwei Wochen warm und mit Regen, dann

steigen die Temperaturen so richtig. Regen und Gewitter
melden sich gegen Ende des Monats zurück.

September:
Trocken und schön, ab der dritten Woche wechselhaft,
die Temperaturen sinken, es regnet öfter,
und es ist manchmal neblig.

Oktober:
Schon am Anfang des Monats kommen Frost und Reif.
Ab der dritten Woche kommt schönes Wetter auf,
das sich bis zum Ende hält.

November:
Den ganzen Monat über schönes Wetter.
Nur ab und zu regnet es leicht.

Dezember:
Der Winter kommt überfallartig. Schon nach dem ersten
Schnee gefriert der Boden. Es ist ausgesprochen kalt.

Januar:
Diesen Monat beherrschen Schnee und Kälte.

Februar:
Die erste Monatshälfte kommt wesentlich milder
daher als der Vormonat, danach allerdings kehren
Schnee, Kälte und Wind zurück.

Landwirtschaft und Garten im Merkurjahr 2005

Wer im Sommer seine Saat in die Erde gegraben hat, kann
sich im Merkurjahr freuen: Alles wächst wie gewünscht, und
alles wird gut gedeihen. Dies trifft ganz besonders auf die
erste und letzte Aussaat im Jahr zu. Allerdings ist es sehr

wichtig, einer drohenden Schneckenplage vorzubeugen. Gerade im Jahr des Merkurs sind die Tiere sehr zahlreich.

Unter dem Wenigen, das unter der Merkurregentschaft uneingeschränkt gut gedeiht, befinden sich die Sauer- und Süßkirschen. Bei allen anderen Früchten kann es sehr unterschiedlich zugehen. Einzelne Sorten mögen an bestimmten Orten gut wachsen, an anderen wiederum nur schlecht oder gar nicht. Auch Haselnüsse haben Hochkonjunktur, andere Nußarten dagegen fristen ein Dasein als Mauerblümchen...

Der Weinanbau hat in einem Merkurjahr ebenfalls schlechte Vorzeichen. Aber auch hier kann eine in unseren Breiten sichtbare Sonnenfinsternis die Ausnahme von der Regel herbeirufen, wie der Abt Mauritius Knauer feststellte. Fand ein solches Himmelsereignis im Februar, März, April oder in den ersten Wochen des Mai statt, werden der Wuchs der Reben und die Qualität des Weines positiv beeinflußt.

Neben den bereits erwähnten Schnecken gibt es im Frühling unter Merkurherrschaft viele Frösche. Auch Mäuse haben sich bis zum Herbst stark vermehrt. Schlangen, Heuschrecken und Schmetterlinge werden es ihnen nachtun.

Gesundheit im Merkurjahr 2005

Gehirn, Gedächtnis, Galle, Stimmbänder, Kehlkopf, Zunge, Schienbeine, Hände und Finger sowie Teile des Nervensystems befinden sich unter dem verstärkten Einfluß von Merkur. Der Planet wirkt ebenfalls auf Sprachhemmungen, Stottern, auf Gicht, Gelenkrheuma und auf alle Störungen, die mit den Nerven zusammenhängen. Treten Probleme auf, können daraus Sprachschwierigkeiten, Gallenkoliken und Melancholie entstehen.

Krankheiten, die auf das Jahr des Merkurs zurückzuführen sind, zeichnen sich dadurch aus, daß man sehr viel

Zeit benötigt, um sie vollständig auszukurieren. Im Frühjahr oder Ende Herbst ist die Gefahr zu erkranken am größten. Hier ist Vorbeugung wirklich die beste Medizin.

Allgemeine Charakteristik des Merkurs

Merkur ist in der Antike der geflügelte Götterbote. Er gilt als Schutzgott der Händler, der Redner und der Diebe. Unter seinem Einfluß befinden sich Verschmitzte und Vorwitzige, Reiche und Fleißige. Der Planet kann helfen, mittels geschicktem Handeln zu Reichtum zu kommen. Stier-, Zwillinge- und Jungfrau-Geborene – also Menschen, deren Tierkreiszeichen ihn als Herrscher haben – sind besondere Merkurtypen. Unter ihnen finden sich Künstler, Mathematiker, Philosophen. Aber es gibt auch negative Eigenschaften: Generell haben Merkur-Beeinflußte eine unbeständige Natur. Das geht zuweilen so weit, daß sie sich hinterhältig und falsch gebärden. Ihre Offenherzigkeit hält sich stark in Grenzen, und sie lassen ihre wahren Absichten beileibe nicht immer durchscheinen. Aus diesen Gründen ist es nicht gerade leicht, mit Merkur-Menschen umzugehen.

Die „modernen" Planeten

Als Abt Mauritius Knauer den Himmel beobachtete, waren drei Planeten unseres Sonnensystems noch gar nicht entdeckt. Somit ist klar, daß sie in seinem „Immerwährenden praktischen Wirtschaftskalender" noch nicht berücksichtigt sein können. Aber auch sie üben mit ihren charakteristischen Eigenschaften, die ihnen von der Astrologie zugeschrieben werden, einen gewissen Einfluß auf uns und unser Leben aus.

Uranus

Dieser Planet wurde als erster der drei „Neuen" entdeckt, und zwar im Jahre 1781. Uranus nimmt sich für seine Bahn durch alle zwölf Sternzeichen viel Zeit – 84 Jahre. Er ist somit ein sehr langsamer und bedächtiger Planet, und doch gilt er als Symbol für Wandlung, Umbruch und Revolution. Auch ist er „zuständig" für Technik, moderne Technologien und alternative Energiemodelle (z. B. Atomkraft), für den Zufall generell und überraschende, plötzliche Wirkungen.

Besonders Wassermann-Geborene zählen zu den Uranustypen. Es sind Menschen, die stets auf der Suche nach Neuem sind. Menschen, die sich eher als eine Art Rebell sehen, der Altes aus dem Weg räumt, um dem Fortschritt Platz zu machen. Alles, was Zwang mit sich bringt, wird von ihnen abgelehnt.

Uranus wirkt auch auf unser körperliches Wohlbefinden. Ihm werden Kreislauf, Nervensystem, Fußgelenke und Knöchel zugeordnet.

Wetterumstürze im Dezember, März, Juli und September können durchaus auf das Konto dieses Planeten gehen.

Neptun

1846 entdeckte man den Planeten Neptun am Sternenhimmel. Er ist ungefähr doppelt so langsam wie Uranus. Seine Bahn hat er erst nach fast 165 Jahren vollendet. Nach heutigem Wissensstand der Astrologie ist er der Planet der Inspiration, der Illusion und der rauschhaften Zustände. Klar, daß in seinen Einflußbereich die Traumwelt, die Fantasie, die Feinfühligkeit und das Unbewußte unserer Seele fallen.

Unter dem Zeichen der Fische Geborene sind typische Neptun-Naturen. Es handelt sich um sehr einfühlsame, empfindsame und oft genug empfindliche Menschen, die eine große und schier unerschöpfliche Fantasie besitzen. Aber auch Neptun hat negative Auswirkungen zu bieten: Irrtum und Täuschung. Neptun-Typen müssen sehr gut aufpassen, daß sie nicht betrogen werden. Sie neigen auch dazu, sich irgendeinem fadenscheinigen und undurchsichtigen Fehlglauben anzuschließen.

Auf unsere Gesundheit wirkt Neptun über die Nervengeflechte und das Lymphsystem. Verdauungs- und Gärprozesse in unserem Körper werden von ihm geleitet. Unter der Wirkung dieses Planeten kann es zu Krebserkrankungen, Störungen des Gemütszustandes, aber auch zu eingebildeten Krankheiten kommen.

Auch Neptun zwingt das Wetter bisweilen zu rätselhaften Kapriolen. Überraschungsmomente treten vor allem Ende Dezember und Anfang Januar auf, ebenfalls Ende Juli und Anfang August.

Pluto

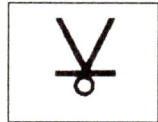

Als letzter Planet unseres Sonnensystems wurde Pluto entdeckt – vor nicht allzu langer Zeit, nämlich erst im Jahre 1930. Erschienen den Forschern schon die 165 Jahre lang, die Neptun für seine Bahn benötigt, so staunten sie nicht schlecht, als sie die Berechnungen für Pluto abgeschlossen hatten: 247,5 Jahre nimmt sich der Planet Zeit, um durch alle Tierkreiszeichen zu wandern. Damit übertrifft er sämtliche Planeten-Kollegen bei weitem. Weil man ihn erst seit so wenigen Jahren kennt, lassen sich seine Einflüsse auch noch nicht genau definieren. Die Zeit war bisher einfach zu kurz, um hilfreiche Erfahrungen zu sammeln. Auch die Zuordnung zu einem oder mehreren Tierkreiszeichen ist sehr schwierig. Pluto steht für Veränderung, für Säuberung, Wiedergeburt, Erneuerung und Entschlossenheit.

Eine spezielle Pluto-Natur wurde bisher von der Astrologie noch nicht erkannt. Pluto symbolisiert generell alle Formen von Gemeinsamkeiten. Das Zusammentreffen von Menschen, die Gruppendynamik, das Verhalten einer Masse und der Erfolg gemeinsamer Unternehmungen – all das wird diesem Planeten zugeschrieben. Auch einen Einfluß auf große Gewinne und Reichtum glaubt man erkannt zu haben. Negative Eigenschaften bei ungünstiger Konstellation: Trennung und – schlimmstenfalls – Anwendung von Gewalt.

In puncto Wetter begünstigt Pluto Naturkatastrophen. In der Zeit von Ende April bis Anfang Mai sowie Ende Oktober und Anfang November ist die Gefahr am größten.

5
Die besondere Bedeutung des Mondes

Der Mond ist der „Planet", der unserer Erde am nächsten ist. Dachte man in früheren Zeiten, er hätte lediglich Einfluß auf die Gezeiten der Meere, so änderte sich das spätestens mit den Beobachtungen von Mauritius Knauer, dem Abt aus Langheim. Aber nicht nur er, auch andere Gelehrte seiner Zeit waren der festen Überzeugung, daß der Mond verantwortlich ist für jegliches Geschehen auf der Erde, dafür, was wir tun, warum wir es tun und wie wir uns fühlen.

So falsch mag man im 17. Jahrhundert gar nicht gelegen haben. Mittlerweile gibt es eine ganze Reihe von Phänomenen, die nachweislich auf die Kraft des Erdtrabanten zurückzuführen sind.

Schon alte Überlieferungen bezeugen, daß manche Kräuter und Pflanzen eine stärkere Heilkraft haben, wenn sie zu bestimmten Mondphasen geerntet werden. In längst vergangenen Zeiten war es selbstverständlich, daß man sich bei Aussaat und Ernte nach den Mondphasen richtete. Je nachdem, wie er stand, konnte man eine reichhaltige Ernte oder eine Mißernte erwarten.

Aber nicht nur die Ernte, auch das Wetter und die Gesundheit und das Wohlbefinden der Menschen werden vom Mond geleitet. Sein Einfluß geht bis in die Gebiete Krankheit, Schönheit und Haushalt hinein. Damals, zu Zeiten von Abt Knauer, hat man das alles als völlig selbstverständlich angesehen. Irgendwann wurde dieses alte Wissen natürlich verdrängt – von modernen Forschungen und neuesten Erkenntnissen, die auf einer zeitgemäßen Technologie basierten.

Nichtsdestotrotz haben sich manche alten, wissenschaftlichen Erkenntnisse bis in unsere Zeit herüber gerettet. Und wenn man ihnen nachgeht, so muß man erkennen, daß manche der Überlieferungen noch immer Bestand haben – bis heute.

Entscheidend ist, wie der Mond steht, ob er zu- oder abnimmt, ob Vollmond oder Neumond herrscht. Immer ist die Wirkung auf Natur und Mensch eine andere. Zum besseren Überblick haben wir in der nachstehenden Tabelle alle vier Mondphasen aufgeführt. So ist ganz leicht zu erkennen, wann der Mond in welchem Tierkreiszeichen steht und wann Neumond, abnehmender Mond, Vollmond und zunehmender Mond zu erwarten ist:

Zeichen	Neumond	Abnehmender Mond	Vollmond	Zunehmender Mond
Widder	April	April-Okt.	Oktober	Okt.-April
Stier	Mai	Mai-Nov.	November	Nov.-Mai
Zwilling	Juni	Juni-Dez.	Dezember	Dez.-Juni
Krebs	Juli	Juli-Jan.	Januar	Jan.-Juli
Löwe	August	Aug.-Febr.	Februar	Febr.-Aug.
Jungfrau	September	Sept.-März	März	März-Sept.
Waage	Oktober	Okt.-April	April	April-Okt.
Skorpion	November	Nov.-Mai	Mai	Mai-Nov.
Schütze	Dezember	Dez.-Juni	Juni	Juni-Dez.
Steinbock	Januar	Jan.-Juli	Juli	Juli-Jan.
Wassermann	Februar	Feb.-Aug.	August	Aug.-Feb.
Fische	März	März-Sept.	September	Sept.-März

Mit einem Blick zum Himmel kann man genau erkennen, in welchem Quartal der Mond sich gerade befindet. Besonders der Stand des Trabanten in seinen einzelnen Phasen war für Abt Mauritius Knauer von großer Bedeutung.

Erstes Quartal:
von Neumond bis zum zunehmenden Halbmond

Zweites Quartal:
von Halbmond bis Vollmond

Drittes Quartal:
vom Vollmond bis zum abnehmenden Halbmond

Viertes Quartal:
vom Halbmond bis zum Neumond.

Jede einzelne Mondphase besitzt ganz bestimmte Eigenschaften:

Der zunehmende Mond hat, wie der Name schon erahnen läßt, „zuführende Qualitäten". Wenn man beispielsweise etwas ißt oder seinem Körper auf andere Weise etwas zuführt, so nimmt er es in dieser Mondphase optimal auf. Der Organismus kann die ihm zugeführten Stoffe besser verarbeiten. So kann man während dieser Zeit besonders gut Kräfte und neue Energie tanken, weil diese gesammelt und nicht gleich wieder abgegeben werden. In puncto Nahrungsaufnahme ist demzufolge allerdings Vorsicht geboten, wenn man auf seine schlanke Linie achten will. In der Natur wirkt der Zyklus anders als bei uns Menschen. Die Säfte steigen, das Wachstum über der Erde wird angeregt. Während wir also aufnehmen, nimmt die Erde nicht auf. Dieser Mondzyklus dauert etwa 13 bis 14 Tage an.

Der Vollmond wurde vielfach besungen und sogar von Hunden angeheult. Unter dem Einfluß dieser Phase verstärken sich bei Liebenden die Gefühle, aber auch die Neigung zum Schlafwandeln steigt an. Der Vollmond steht für unsere Emotionen. In dieser Zeit ändert der Erdtrabant seine Richtung. Es ist der Übergang vom zunehmenden auf den abnehmenden Mond. Geschieht dies, werden Gefühle und Kräfte freigesetzt, die sich auf sämtliche Lebewesen und Pflanzen auswirken. Aber nicht nur das passiert bei Vollmond. Es ist auch der Übergang, der Zeitpunkt des Umschaltens vom Aufnehmen zum Abgeben. Diese Periode dauert nicht lange an. Wem seelische Konflikte das Leben schwermachen, sollte diesen Zeitraum nutzen, um sich mit ihnen auseinanderzusetzen.

Der abnehmende Mond zeichnet sich durch „abgebende Qualität" aus. Die Menschen sollten diese Zeit nutzen, um ihrem Körper etwas Gutes zu tun. Er muß ab und zu „gereinigt" werden von den Dingen, die ihm schaden. Abnehmen, Entgiften, Entschlacken, Ausspülen, Ausschwitzen – all das ist besonders in dieser Mondphase von Erfolg gekrönt. Ob bei der Hausarbeit oder beim Sport – der Körper gibt ab. Aus diesem Grund kann man auch kleinere Sünden, die die Figur belasten, besser verschmerzen. Aber auch notwendige Operationen sollten in dieser Zeit durchgeführt werden. In der Natur ist es wieder umgekehrt. Die Erde nimmt auf, die Säfte ziehen zur Wurzel. Auch Wasser wird vom Erdreich bei abnehmendem Mond aufgesaugt – ein Grund dafür, daß es in dieser Phase kaum zu Überschwemmungen kommt. Nach 14 Tagen wird die Sichel des Mondes immer dünner, bis der Trabant scheinbar verschwindet. Tatsächlich aber steht er nun auf seiner Umlaufbahn genau zwischen Erde und Sonne, und er ist für uns nicht sichtbar, weil er uns seine dunkle Rückfront zeigt.

Bei Neumond wird alles begünstigt, was mit einem Neuanfang zu tun hat. Fast idealer als bei abnehmendem Mond wäre eine Entgiftung des Körpers bei Neumond. Auch über einen Fasttag während dieser Phase sollte man ernsthaft nachdenken. Aber auch in der Natur kommt erhöhte Heilkraft zum Tragen. An Neumond beschnittene Bäume werden wieder gesund.

Der Mond, so haben wir erfahren, hat von alters her die Kraft, Aussaat, Wachstum und Ernte zu beeinflussen. Die vier Mondphasen stehen in einem engen Zusammenhang mit dem Verlauf des Jahres. Jeden Monat zeigt uns der Mond diesen ewigen Kreislauf. Unzählige Bauernregeln, die schon Mauritius Knauer kannte und die er mit seinen Aufzeichnungen bewiesen hatte, zeugen davon. Hier nur eine kleine Auswahl:

- Wenn der Mond untergeht, zieht Sturm auf.
- Steht der Mond in einem Ring, so kündet das von einem Sturm.
- Die offene Seite des Mondhofes zeigt die Richtung an, aus der Wind oder Regen kommen wird.
- Nebel und kleiner Mond bringen bald östliche Winde.
- Die Zahl der Sterne innerhalb des Ringes nennt die Zahl der Tage bis zum Unwetter.
- Hat der Mond einen Hof, gibt es Wind mit Regen oder Schnee.
- In mondhellen Nächten gibt's die strengsten Fröste.
- Je größer der Hof des Mondes, desto früher wird es regnen oder schneien. Überstrahlt jedoch der Mond seinen Hof, kommt kein schlechtes Wetter.

Nicht nur die Sichel des Mondes weist auf Wetterveränderungen hin. Auch Voll- beziehungsweise Neumond beeinflussen die Witterung. Diese Faustregeln haben sich immer wieder bestätigt:

- Drei bis fünf Tage nach Neu- oder Vollmond regnet es.
- Zwei Tage nach Vollmond kann es sehr oft zu Gewittern kommen.
- Um Neu- oder Vollmond besteht häufig die Gefahr von Hurrikanen, Orkanen oder anderen starken Stürmen.

Auch für Voll- oder Neumond gibt es die dazu passenden Bauernregeln, zum Beispiel:

- Vollmond verschluckt die Wolken – es wird wieder schönes und klares Wetter.
- Vollmond oder Mondwechsel an einem Samstag sind ein sicheres Zeichen für Regen.
- Findet der Mondwechsel jedoch an einem Sonntag statt, so gibt es eine Überschwemmung – und zwar noch bebevor der Monat zu Ende geht.
- Steht der Neumond weit im Norden, rechnet man besser mit zwei Wochen Kälte.
- Steht der Neumond weit im Süden, kann man dagegen auf warmes und trockenes Wetter zählen.
- Beginnt ein Schneesturm bei Neumond, wird er mit dem ersten Mondaufgang enden.
- Zwei Vollmonde in einem Monat zeigen immer eine Überschwemmung an.
- Ist der Himmel bei Neumond und auch noch vier Tage danach jeweils bei Mondaufgang gleichbleibend klar, so bleibt das Wetter für längere Zeit schön.

Mondfinsternis-Tabelle

Eine Mondfinsternis hat nicht den starken optischen Effekt wie eine Sonnenfinsternis. Selbstverständlich wird aber auch dadurch das Wetter beeinflußt und gesteuert, denn dieses Himmelsereignis verstärkt die Aspekte der Jahresregenten – die positiven wie die negativen. Dreieinhalb Monate halten die Folgen einer Mondfinsternis an, da diese maximal dreieinhalb Stunden dauert.

Anhand der auf der nächsten Seite folgenden Tabelle kann man bis zum Jahr 2012 Tag und Uhrzeit der kommenden Mondfinsternisse ablesen (Quelle: NASA).

Jahr	*Datum*	*Uhrzeit*
1999	31. Januar	16:19
	28. Juli	11:33
2000	21. Januar	04:44
	16. Juli	13:56
2001	9. Januar	20:21
	5. Juli	14:56
	30. Dezember	10:29
2002	26. Mai	12:04
	24. Juni	21:28
	20. November	01:46
2003	16. Mai	03:40
	9. November	01:19
2004	4. Mai	20:31
	28. Oktober	03:04
2005	24. April	09:56
	17. Oktober	12:03
2006	14. März	23:48
	7. September	18:51
2007	3. März	23:21
	28. August	10:37
2008	21. Februar	03:26
	16. August	14:38
2009	9. Februar	14:38
	7. Juli	09:39
	31. Dezember	19:23
2010	26. Juni	11:39
	21. Dezember	08:17
2011	15. Juni	
	10. Dezember	
2012	4. Juni	
	28. November	

Sonnenfinsternis-Tabelle

Eine Sonnenfinsternis findet statt, wenn sich der Mond für uns sichtbar vor die Sonne schiebt. Im 17. Jahrhundert, als Abt Knauer dieses Phänomen beobachtete, war es für ihn und seine Zeitgenossen wissenschaftlich noch nicht erklärbar. Die alten Lehrer erkannten darin einen Fingerzeig Gottes – und sahen sich bestätigt, da eine Sonnenfinsternis in den meisten Fällen Wetterveränderungen mit sich zog. Mauritius Knauer stellte in seinem „Hundertjährigen Kalender" folgendes fest: Auf eine Sonnenfinsternis, die in unseren Breiten zu sehen ist, folgt erst Regen und danach eine Dürre. Je länger dieses Himmelsphänomen andauert, desto länger gibt es Regen und dann Dürre. Auch der Umkehrschluß paßt: je kürzer die Finsternis der Sonne, desto kürzer auch die Regen- und Trockenheitsperioden.

Man unterscheidet übrigens feuchte Planeten (Mond, Venus, Saturn) und trockene Planeten (Mars, Sonne, Merkur, Jupiter). Herrscht im Jahr der Sonnenfinsternis ein „feuchter" Planet, so dauert die Regenperiode auf jeden Fall länger an. Wenn ein „trockener" Planet Regent ist, regnet es nach einer Sonnenfinsternis nicht so lange.

Aber egal, welcher Jahresregent dran ist: Eine Sonnenfinsternis hat immer feuchte Witterung zur Folge, danach kommt das trockene und warme Wetter. Im „Immerwährenden Kalender" kann man dazu lesen: „Fällt eine Sonnenfinsternis in die Blütezeit, so bringt sie Fruchtbarkeit mit sich. Fällt sie jedoch in den März, April oder in die erste Maiwoche, dann wächst viel Wein." Allerdings muß erwähnt werden, daß dieser Wein höchstwahrscheinlich von minderer Qualität sein wird.

In der nachstehenden Tabelle kann man die Daten der Sonnenfinsternisse bis zum Jahr 2012 ablesen (Quelle: NASA).

Jahr	*Datum*	*Uhrzeit*
1999	16. Februar	06:34
	11. August	11:03
2000	5. Februar	12:49
	1. Juli	19:32
	31. Juli	02:13
	25. Dezember	17:35
2001	21. Juni	12:04
	14. Dezember	20:52
2002	10. Juni	23:44
	4. Dezember	07:31
2003	31. Mai	04:08
	23. November	22:49
2004	19. April	13:34
	14. Oktober	02:59
2005	8. April	20:36
	3. Oktober	10:32
2006	29. März	10:11
	22. September	11:40
2007	19. März	02:32
	11. September	12:31
2008	7. Februar	03:55
	1. August	10:21
2009	26. Januar	07:58
	22. Juli	02:35
2010	15. Januar	07:06
	11. Juli	19:33
2011	4. Januar	08:50
	1. Juni	21:51
	1. Juli	08:38
	25. November	06:20
2012	20. Mai	23:53
	13. November	22:12

Kometen

Das letzte Himmelsschauspiel, das bei uns zu sehen war, liegt nur ganz kurze Zeit zurück. Im April 1997 konnten die Menschen auf der Erde mit bloßem Auge „Hale-Bopp" erkennen – einen Kometen mit zwei Schweifen. Seinen Namen erhielt er von den gleichnamigen Hobbyastronomen, die ihn entdeckt hatten.

Im Gegensatz zur Mond- bzw. Sonnenfinsternis ist es nicht möglich, die Erscheinung von Kometen, diesen wirklich außergewöhnlichen Phänomenen am nächtlichen Sternenhimmel, vorherzusagen. Oft tauchen sie ganz überraschend auf – wie zum Beispiel Hale-Bopp, der erst 1995 entdeckt wurde.

Auch Kometen sind in der Lage, unser Wetter zu beeinflussen. Die Himmelskörper fanden schon in den Aufzeichnungen Knauers Erwähnung: „Das Volk unterscheidet nur drei Arten: behaarte, geschwänzte und gebardete Kometen." Auch der Abt suchte natürlich nach Erklärungen. Er war überzeugt davon: Nachdem sie uns ein paar Tage erschienen sind, kommt Regen. Anschließend folgt eine Periode der Trockenheit. Ein Komet taucht innerhalb von sieben Jahren höchstens ein- oder zweimal auf. Oft geschieht dies in einem Jahr, das von Jupiter und/oder Mars regiert wird. Im darauffolgenden Jahr ist mit einer Weinlese zu rechnen, die einen sehr guten Tropfen hervorbringt.

Kometen waren in früheren Zeiten die „Fackel Gottes", ausgesandt vom Herrscher der Welt, um den Menschen auf der Erde ihre Verfehlungen und Sünden aufzuzeigen. Im „Hundertjährigen Kalender" des Abtes Mauritius Knauer findet man folgende Aufzeichnungen, denen das Erscheinen von Kometen zugrunde liegt:

◆ Ein Komet im Venusjahr (1997, als Hale-Bopp erschien!) bedeutet Dürre – oft auch erst im folgenden Jahr.

- Großes Sterben zeigt ein Komet im Merkurjahr an.
- Taucht ein Komet im Mondjahr auf, dann „stirbt das Volk".
- Ein Komet im Saturnjahr kann großes Sterben bedeuten.
- Kommt ein Komet im Jupiterjahr, dann droht Königen, Fürsten, Herzogen und allen Regierenden Schlimmes.
- Regiert der Mars, wenn ein Komet auftaucht, kann es Streit, Kriege und Blutvergießen geben.
- Krankheiten bringt ein Komet im Sonnenjahr.

Die Geschichte hat gezeigt, daß Kriege oft mit der Erscheinung von Kometen zusammentreffen:

1066
Schlacht von Hastings

1618
Dreißigjähriger Krieg

1811/12
Rußland-Feldzug Napoleons

1870
Deutsch-Französischer Krieg

1914
Erster Weltkrieg

Aber auch die einzelnen Tierkreiszeichen bleiben von dem Einfluß von Kometen nicht verschont:

- Erscheinen Kometen in einem Erdzeichen (Stier, Jungfrau, Steinbock), so ziehen sie Dürre und Unfruchtbarkeit nach sich.

- Bei den Wasserzeichen (Krebs, Skorpion, Fische) können Kometen zu Seuchen führen. Ein Grund dafür sind vermutlich die starken Regenfälle, die zu Überschwemmungen führen.
- Tauchen Kometen in den Luftzeichen auf (Zwillinge, Waage, Wassermann), sind Stürme, Aufstände und sogar manchmal Kriege zu befürchten.
- Kometen in einem Feuerzeichen (Widder, Löwe, Schütze) bedeuten angeblich immer Krieg.

Wie man also sieht, gibt es eine ganze Menge unsichere Größen, die uns Menschen und das Wetter auf der Erde zu bestimmen und beeinflussen suchen.

6

Die Tages- und Stundenregenten

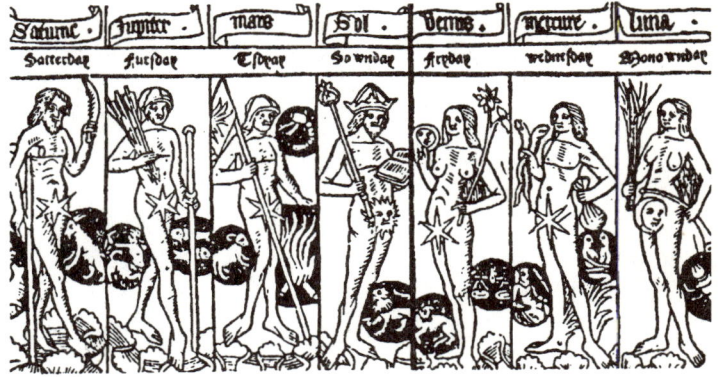

*Die sieben Planeten als Regenten der sieben Wochentage.
Darstellung aus „Shephards Calender", 1579.*

Tabelle der Stundenregenten für jeden Wochentag

Uhrzeit	*Montag*	*Dienstag*	*Mittwoch*
06 – 07	Mond	Mars	Merkur
07 – 08	Saturn	Sonne	Mond
08 – 09	Jupiter	Venus	Saturn
09 – 10	Mars	Merkur	Jupiter
10 – 11	Sonne	Mond	Mars
11 – 12	Venus	Saturn	Sonne
12 – 13	Merkur	Jupiter	Venus
13 – 14	Mond	Mars	Merkur
14 – 15	Saturn	Sonne	Mond
15 – 16	Jupiter	Venus	Saturn
16 – 17	Mars	Merkur	Jupiter
17 – 18	Sonne	Mond	Mars
18 – 19	Venus	Saturn	Sonne
19 – 20	Merkur	Jupiter	Venus
20 – 21	Mond	Mars	Merkur
21 – 22	Saturn	Sonne	Mond
22 – 23	Jupiter	Venus	Saturn
23 – 24	Mars	Merkur	Jupiter
24 – 01	Sonne	Mond	Mars
01 – 02	Venus	Saturn	Sonne
02 – 03	Merkur	Jupiter	Venus
03 – 04	Mond	Mars	Merkur
04 – 05	Saturn	Sonne	Mond
05 – 06	Jupiter	Venus	Saturn

Donnerstag	*Freitag*	*Samstag*	*Sonntag*
Jupiter	Venus	Saturn	Sonne
Mars	Merkur	Jupiter	Venus
Sonne	Mond	Mars	Merkur
Venus	Saturn	Sonne	Mond
Merkur	Jupiter	Venus	Saturn
Mond	Mars	Merkur	Jupiter
Saturn	Sonne	Mond	Mars
Jupiter	Venus	Saturn	Sonne
Mars	Merkur	Jupiter	Venus
Sonne	Mond	Mars	Merkur
Venus	Saturn	Sonne	Mond
Merkur	Jupiter	Venus	Saturn
Mond	Mars	Merkur	Jupiter
Sarturn	Sonne	Mond	Mars
Jupiter	Venus	Saturn	Sonne
Mars	Merkur	Jupiter	Venus
Sonne	Mond	Mars	Merkur
Venus	Saturn	Sonne	Mond
Merkur	Jupiter	Venus	Saturn
Mond	Mars	Merkur	Jupiter
Saturn	Sonne	Mond	Mars
Jupiter	Venus	Saturn	Sonne
Mars	Merkur	Jupiter	Venus
Sonne	Mond	Mars	Merkur

Wenn Neumond herrscht, kann das Wetter innerhalb von zwei oder drei Tagen völlig umschlagen. Versucht man es nach dem „Hundertjährigen Kalender" vorauszusagen, ist darauf zu achten, welches Sternzeichen der Neumond durchläuft. Nicht nur die Jahre haben Planetenregenten, auch die Wochentage, ja, sogar die einzelnen Stunden des Tages werden von einem Planeten beherrscht.

Die folgende Tabelle bietet die Tagesregenten
der Woche im Überblick:

Montag
hat den Tagesregenten Mond

Dienstag
hat den Tagesregenten Mars

Mittwoch
hat den Tagesregenten Merkur

Donnerstag
hat den Tagesregenten Jupiter

Freitag
hat den Tagesregenten Venus

Samstag
hat den Tagesregenten Saturn

Sonntag
hat den Tagesregenten Sonne

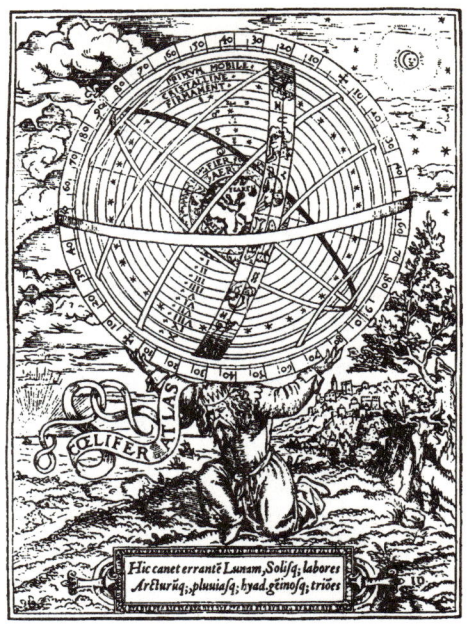

*In der Renaissance war die Welt, die Atlas auf seinen
Schultern trägt, eine astrologische Welt.
Holzschnitt von 1559*

Um die Tabelle der Stundenregenten auf den Seiten 102 und
103 richtig nutzen zu können, sollte man einen Kalender zur
Hand nehmen, aus dem die genauen Mondphasen ersicht-
lich sind. So kann man erkennen, unter welchem Stundenregenten der Neumond eingetreten ist, und Rückschlüsse
auf das kommende Wetter ziehen:

*Wenn der Neumond in den Stunden
der Venus stattfindet:*
In der letzten Woche des Monats kann es Regenwetter
geben, im Winter ist Schneefall möglich.

*Wenn der Neumond in den Stunden
des Merkurs stattfindet:*
Da der Merkur sich dem jeweiligen
Jahresregenten anpaßt, läßt sich hier
nichts ersehen.

*Wenn der Neumond in den Stunden
des Mondes stattfindet:*
Dieser Monat wird sehr windig, und des öfteren
fällt Regen.

*Wenn der Neumond in den Stunden
des Saturns stattfindet:*
Der Monat zeichnet sich hauptsächlich durch
Kälte und Feuchtigkeit aus.

*Wenn der Neumond in den Stunden
des Jupiters stattfindet:*
In der ersten Hälfte des Monats herrscht
Trockenheit. Danach können starke
Winde aufkommen.

*Wenn der Neumond in den Stunden
des Mars stattfindet:*
In diesem Monat wird es zur Hälfte trocken,
zur Hälfte naß.

*Wenn der Neumond in den Stunden
der Sonne stattfindet:*
Im Sommer sind große Hitze und Trockenheit
gesichert. Der Winter wird überwiegend
kalt und trocken.

Die Quartale des Mondes

In alten Zeiten wurden alle Arbeiten auf dem Feld, die mit Aussaat und Anpflanzung zu tun hatten, bei zunehmendem Mond verrichtet. Nur so konnte man sichergehen, daß die Saat Früchte trägt. Diese Arbeitsweise hat sich bis in unsere heutigen Tage behauptet. Der zunehmende Mond steht für das Wachstum und die Ausdehnung, für die generelle Entwicklung der Pflanzen über der Erde. So ist auch die Ernte von Früchten, die über dem Erdboden reifen, von Erfolg gekrönt. In diesem ersten und zweiten Quartal des Mondzyklus' wäre es besonders günstig, Obst und Gemüse zu ernten, das nicht eingelagert werden kann und somit schnell verzehrt werden sollte.

Für die Entwicklung unter der Erde gilt genau das Gegenteil. Diese Arbeit sollte – auf dem Feld des Bauern wie auch im heimischen Garten – in der Zeit des abnehmenden Mondes aufgenommen werden, das heißt im dritten oder vierten Quartal. In dieser Zeit erntet man Obst und Gemüse, das sich gut einlagern, einfrieren oder einkochen läßt.

Abt Mauritius Knauer hat Regeln aufgestellt, nach denen man sich die Arbeit in den einzelnen Mondquartalen einteilen sollte. Nach diesen Aufzeichnungen entstand die folgende Liste:

Erstes Viertel des Mondes:

◆ Kräutersamen sollten ausgesät werden.
◆ Verschiedene Gemüsesorten können angepflanzt werden: Artischocken, Blumenkohl, Brokkoli, Endiviensalat, Gurken, Kohl, Kohlrabi, Kopfsalat, Petersilie, Lauch (Porree), Sellerie, Spinat und Rosenkohl.

Im Prinzip sind alle Blattgemüse geeignet, die ihre Frucht über dem Boden tragen.

* Nun können alle einjährigen Pflanzen und Rosen gesetzt werden.

Erstes oder zweites Viertel des Mondes:

* Körner, zum Beispiel für Rasen, sollten ausgesät werden.
* Bäume und andere Pflanzen können veredelt werden.
* Rasen mähen nicht vergessen.
* Junge Pflanzen sollten geschnitten werden.
* Umpflanzen wäre jetzt günstig.
* Gemüse und Früchte für den täglichen Bedarf, die sofort gegessen werden können, sollte man jetzt ernten beziehungsweise pflücken.
* Nun kann ein Komposthaufen angelegt werden.

Zweites Viertel des Mondes:

* Jetzt säen: Bohnen, Erbsen, Kürbis, Knoblauch, Paprika, Porree, Tomaten, Wassermelonen und Zwiebeln.
* Himbeeren, Stachelbeeren und Brombeeren – ein günstiger Zeitpunkt, diese Früchte zu pflanzen.
* Nun können blühende einjährige Pflanzen und Rosen gesetzt werden.
* Am besten düngt man noch vor dem Vollmond.
* Ebenfalls noch vor dem Vollmond sollte man Weintrauben ernten, falls man Wein keltern möchte.
* Wenn das Wetter trocken ist, sollte man aussäen, kurz bevor der Vollmond am Himmel steht.

Drittes Viertel des Mondes:

* Erbsen, Erdbeeren, Rhabarber, Saatknollen, Salbei, Sonnenblumen und Zichorie jetzt pflanzen und säen.
* Man sollte Gemüse säen oder pflanzen, das seine Früchte unterirdisch trägt: Kartoffeln, Möhren, Pastinaken, Ra-

dieschen, Rüben, Steckrüben, Zwiebelsetzlinge und rote
Bete.
- Blühende zwei- oder mehrjährige Knollenpflanzen sollten
gesetzt werden.
- Die Zeit zum Bäume-Pflanzen ist reif: Apfel, Birne, Eiche,
Pflaume, Pfirsich, auch andere Laubbäume.
- Der Torf muß ausgestreut werden.

Drittes oder viertes Viertel des Mondes:

- Jetzt düngen, wenn man dazu Kalium verwendet.
- Unkraut jäten.
- Tomaten beschneiden.
- Nun sollte man mit der Kompostdüngung beginnen.
- Pflanzen beschneiden und ausdünnen.
- Der Zeitpunkt zum Rasen mähen ist günstig.
- Obst und Gemüse, das zum Einlagern verwendet wird,
jetzt ernten: Äpfel, Kartoffeln, Kohl.
- Für Gesundheitstees eignen sich hervorragend manche
Blätter und Rinden – jetzt sammeln.
- Einzulagernde Blüten und Saaten sammeln.
- Kräuterwurzeln ausgraben.
- Wenn man Bohnen, Blumen, Kräuter oder Früchte trock-
nen will – jetzt ist die Zeit dafür.

Viertes Viertel des Mondes:

- Holz fällen – aber möglichst erst ganz kurz vor dem Neumond.
- Die Obstbäume sollten gegen Ungeziefer und Pilzbefall
besprüht werden.

7

Das lokale Klima und die Wetterphasen

Im Weltbild des Mittelalters dachte der Mensch, daß er alles beachten muß, was ihm von „oben", durch Planeten, Sonne und Mond an Hilfe angeboten wird.
Aus Konrad von Megensbergs „Buch der Natur", um 1482

Abt Mauritius Knauer hat unzählige Beobachtungen gemacht und daraus versucht, Wetterregeln aufzustellen. Dabei muß man eines berücksichtigen: Zur damaligen Zeit war es für die meisten Menschen undenkbar, ihr Heimatdorf zu verlassen. Viele blieben ihr Leben lang an ein und demselben Ort. Auch wenn Knauer für sein Studium nach Wien reiste, so beschränkten sich seine Aufzeichnungen doch im wesentlichen auf die Region, in der er die meiste Zeit lebte: Langheim in Franken. Für dort trafen die Rückschlüsse, die er aus seinen Beobachtungen zog, auch sicherlich zu.

Aber man darf nicht vergessen: Die Wetterregeln, die in einem kleinen Ort irgendwo in Deutschland aufgestellt wurden, lassen sich nicht einfach auf das ganze Land übertragen. Streng genommen können die Aufzeichnungen des Abtes aus Langheim in Franken auch nur für die dortige Region zutreffen.

Wer heute selbst sich im Wettervorhersagen versuchen will, muß den eigenen Standort genau beachten. Zudem hat sich in den vergangenen 300 Jahren seit Knauers Lebzeiten eine Menge verändert. Das fängt bei den völlig unterschiedlichen Umweltbedingungen an und geht weiter mit der Tatsache, daß sich das gesamte Klima auf der Erde seitdem geändert hat. Dies alles, die Zerstörung der Ozonschicht und andere Umweltereignisse begründen, daß der „Immerwährende Kalender" von Abt Mauritius Knauer heute mit Sicherheit nicht mehr hundertprozentig zutrifft. Auch die Planeten untereinander haben ihre Position im Laufe der Zeit verändert. Somit ergeben sich auch etwas andere Einflüsse der Jahresregenten.

Das muß man beachten

Aufgrund der Erkenntnisse der modernen Wissenschaft ist man heute in der Lage, das Wetter ziemlich genau vorherzusehen. Inzwischen weiß man, wie es zustande kommt, wie

Wind, Regen und Sonnenschein entstehen, durch welche Kräfte sie aktiviert werden. Wer es trotzdem mit den Aufzeichnungen des Abtes Mauritius Knauer versuchen möchte, der muß drei wichtige Dinge beachten:

◆ Im Laufe der Jahre bleiben die Mondphasen nicht fest, sondern sie verschieben sich. Das hat zur Folge, daß die von Knauer beschriebene Witterung nicht mehr auf den Tag genau eintrifft.

◆ Es ist wichtig zu wissen, ob im Jahr, in dem man seine Prognose wagen will, eine Sonnenfinsternis auftritt. Ist dies der Fall, hätte dieses Ereignis größeren Einfluß auf die Gegebenheiten als die Planeten. Es ist gleichgültig, welches Wetter der Regent bestimmen will – eine Sonnenfinsternis hätte immer eine feuchte Periode zur Folge, worauf sich trockenes, warmes Wetter anschließt.

◆ Auch ist die Beobachtung des Neumonds von Bedeutung. Zu welcher Stunde tritt er auf? Hierbei ist es ganz egal, ob dies am Tag oder in der Nacht geschieht. Der Neumond bewirkt immer einen Wetterwechsel. Wir erinnern uns: Nicht nur die Jahre haben Regenten, auch die einzelnen Stunden des Tages stehen unter der „Beobachtung" der dazugehörenden Planeten.

Der Neumond und die einzelnen Planeten

◆ Wenn der Neumond in einer **Saturnstunde** auftritt: Dieser Monat verspricht Kälte und größtenteils Feuchtigkeit.

◆ Wenn der Neumond in einer **Marsstunde** auftritt: Eine Hälfte des Monats wird trocken, die andere feucht.

◆ Wenn der Neumond in einer **Sonnenstunde** auftritt:
Steht ein Sommer ins Land, ist er von Trockenheit und
Hitze geprägt. Ein Winter wird kalt und trocken.

◆ Wenn der Neumond in einer **Jupiterstunde** auftritt:
In der ersten Hälfte des Monats herrscht Trockenheit, in
der anderen sind starke Winde zu spüren.

◆ Wenn der Neumond in einer **Venusstunde** auftritt:
Die letzte Woche des Monats bringt Regenwetter. Im Winter ist zu dieser Zeit mit Schnee zu rechnen.

◆ Wenn der Neumond in einer **Mondstunde** auftritt:
Der gesamte Monat ist von Wind und Regen geprägt.

◆ Wenn der Neumond in einer **Merkurstunde** auftritt:
Da der Merkur sich bekanntlich den Regenten des jeweiligen Jahres anpaßt, sind genaue Angaben hier nicht möglich.

Zwei weitere Punkte sind für die Bestimmung des Wetters in
einer speziellen Region wichtig:

◆ Jeder Wochentag hat seinen eigenen Regenten (siehe
Tabelle im vorigen Kapitel). Das bedeutet, daß zweimal
am Tag die Tages- und Stundenregenten identisch sind.
Somit verstärkt sich der Einfluß des jeweiligen Planeten.

◆ Eine nochmalige Verstärkung der Auswirkungen tritt
dann ein, wenn die Jahres- und Stundenregenten zum
Zeitpunkt des Neumondes übereinstimmen.

Wetterphasen

Alte Schriften lehren uns, daß es bestimmte Wetterphasen gibt, die sich nicht ganz mit den Darstellungen im Kalender decken. Sicher ist aber, daß sie jedes Jahr wiederkehren. Dies kann mal stärker, mal schwächer der Fall sein. Das stützt sich nicht auf Vermutungen und Rückschlüsse – anerkannte Meteorologen können es bestätigen. Die Wetterlagen werden wie folgt beschrieben:

- Das Weihnachtstauwetter
- Der erste Vorfrühling, der zwischen dem 10. und 20. März erscheint
- Die Eisheiligen (Mitte Mai)
- Die Schafskälte (Juni)
- Die Hundstage (Ende Juli)
- Der vielzitierte Altweibersommer (Ende September bis Mitte Oktober)

In nördlichen Gegenden haben es die Eisheiligen eiliger als im Süden. Sie setzen dort etwa einen Tag früher ein. Das kommt daher, weil Kaltluft von Norden nach Süden zieht. Diese Luft gelangt durch ein starkes Hochdruckgebiet über Osteuropa später in den Süden.

Aber nicht nur die großen Wetterphasen sind inzwischen bekannt, es gibt auch viele kleine. Natürlich werden auch sie seit Jahrhunderten beobachtet, in Regeln gefaßt, und natürlich waren sie auch Mauritius Knauer ein Begriff. In diesem Zusammenhang sind die Lostage zu erwähnen, die im 10. Kapitel dieses Buches behandelt werden sollen. Auch sie beinhalten Regeln, die mit einer Toleranzgrenze von etwa sechs Tagen einen gewissen Wahrheitsgehalt haben. Selbst heutige Meteorologen geben dies zu.

Der phänologische Kalender

Um Klarheit über das lokale Klima zu erlangen, ist es einfacher, nicht nach den herkömmlichen Kalenderdaten vorzugehen. Aufmerksame Pflanzenbeobachter kennen nicht nur die allseits vertrauten Jahreszeiten Frühling, Sommer, Herbst und Winter. Neben diesen gibt es auch noch neun andere – die sogenannten „natürlichen Jahreszeiten".
2Phänologie ist die Lehre von den Lebensvorgängen bei Tieren und Pflanzen im Hinblick auf den Jahresablauf. Dabei richtet man sich danach, welche Pflanzen jeweils zu Anfang einer neuen Jahreszeit blühen. Hierbei stellte man folgende natürliche Jahreseinteilung auf:

Der Vorfrühling
fängt am 10. März an,
wenn die
Schneeglöckchenblüte beginnt.

Der Erstfrühling
startet am 28. März mit Beginn
der Salweideblüte.

Der Vollfrühling
beginnt mit der Apfelblüte am 7. Mai.

Der Frühsommer
ist am 5. Juni dran mit der Holunderblüte.

Der Hochsommer
beginnt am 5. Juli zur Vollblüte
der Winterlinde.

Der Spätsommer
startet mit der Haferernte am 9. August.

Der Frühherbst
zeigt sich ab dem 30. August mit der Vollblüte
der Herbstzeitlosen.

Der Vollherbst
fängt am 30. September an
(Aussaat des Winterroggen).

Der Spätherbst
startet am 24. Oktober, wenn das Laub
anfängt zu fallen.

Der Winter
schließlich hält Mitte November Einzug,
wenn die Arbeiten auf dem Feld
beendet sind.

Der Winter der „natürlichen Jahreszeiten" dauert fast vier Monate. Die phänologischen Kalender Österreichs und der Schweiz richten sich nicht streng nach Monatseinteilung. Hier sucht man den Winter vergebens. Das Jahr endet mit dem Eintritt des Spätherbstes. In Deutschland hingegen ist der Winter Bestandteil des phänologischen Kalenders. Sein Beginn wird schon auf Mitte November festgelegt. Da ist die Arbeit auf dem Feld beendet. Der Winter wird vom Vorfrühling abgelöst, der am 10. März mit dem Blühbeginn des Schneeglöckchens einsetzt.

Erst wenn der Apfelbaum erstmals im Jahr blüht, spricht man vom Beginn des Vollfrühlings – in Deutschland durchschnittlich am 7. Mai. In Österreich startet diese Jahreszeit, wenn der Flieder blüht – je nach Gegend zwischen dem 2. und 28. Mai. Die Eidgenossen in der Schweiz rechnen anders. Hier beginnt der Vollfrühling zwischen dem 132. und 148. Tag des Jahres (ab Neujahr). Neben dem 7. Mai als Vollfrühlingsstart ist in Deutschland auch der 12. Mai (Flie-

derblüte), der 13. Mai (Blüte der Roßkastanie) oder der 18.
Mai möglich, wenn die Weißdorn- und Eberescheblüte
beginnt.

Zwischen Kiel und Rosenheim wird es da sicherlich Unter-
schiede geben. Aber wenn man weiß, welches Gewächs am
Anfang der Jahreszeit blüht, ist es wesentlich einfacher,
Knauers „immerwährenden Kalender" auf die lokalen Gegebenheiten abzustimmen. Der eigene Garten, das eigene Feld
wird es seinen Besitzern danken.

8
Bauernregeln – Wind und Wolken beeinflussen unser Wetter

Holzschnitt zu Leonhard Reymanns „Nativität-Kalender".
Astrologische Darstellung von Georg Peurbach, 1515.

Jeder, der auf dem Land arbeitet, weiß: Für das Einsäen, die Pflege des Feldes während des Wachstums und besonders für die Ernte ist das Wetter das A und O. Von der Witterung ist alles abhängig – das gilt heute noch so wie vor Hunderten und Tausenden von Jahren. Die Ernte ist nur dann von Erfolg gekrönt, wenn Regen, Sonne, Wärme und Kälte zur richtigen Zeit auf Boden und Pflanzen einwirken.

Im Altertum glaubte man fest daran, daß die Sonne, der Mond und die Sterne einen nachhaltigen Einfluß auf das tägliche Leben und auf das Wetter ausübten. Sie wurden als Götter verehrt – und gleichzeitig auch gefürchtet, weil alles von ihren Launen abhing. Hatten die Menschen Böses getan, zürnten die Götter, indem sie die Ernte mit Hilfe eines Unwetters unerbittlich zerstörten. Waren sie ihren Untertanen wohlgesonnen, belohnten sie sie mit Sonne und Regen zur rechten Zeit, damit die Saat keimen und der Ernteertrag zufriedenstellend war.

Bis in die jüngste Zeit hat sich der Glaube, daß Dämonen, Götter und Geister ihre Stimmung durch das Wetter kundtun, erhalten. Man entwickelte Rituale, um die Dämonen zu vertreiben und die Götter gnädig zu stimmen. Viele Feste des christlichen Glaubens entstanden so. Ein Beispiel dafür ist die Prozession an Fronleichnam, bei der die Katholiken Schutz vor Unwetter erbitten.

Von Generation zu Generation wurden die Wetterregeln weitergegeben. Oft wurden sie in Verse gebettet, damit sie jeder besser behalten konnte. Seit ungefähr 100 Jahren gibt es Wetterstationen und meteorologische Institute, um das Wetter genauestens registrieren und erforschen zu können. So konnte die Richtigkeit vieler Regeln aus alter Zeit wissenschaftlich bestätigt werden.

Bauernregeln rund um den Wind

Die Bauern holten sich ihre Wettervoraussagen seit Urzeiten mit einem Blick nach oben: Wind und Wolken genügten, um zu erkennen, wie das Wetter wird. Man sagte sich: Luft, also Wind, bewegt sich nur dann, wenn eine Kraft da ist, die sie vorantreibt. Man erkannte, daß die Luft mit der Atmosphäre grundsätzlich von einem Gebiet mit höherem zu einem mit niedrigerem Luftdruck strömt. Diese Luftdruckgebiete kennen wir als „Hochs" und „Tiefs".

Je stärker also der Unterschied des Luftdrucks zwischen einem Hoch und einem Tief ist, desto stärker weht der Wind. Davon bleibt natürlich auch unser Wetter nicht unberührt. Das sind die Zusammenhänge von Windrichtung und Witterung:

Wind aus West/Nordwest:
Dieser Wind kommt vom Atlantik, aus Grönland, Island
und aus dem Nordmeer. Er bringt maritime Polarluft und
schenkt uns im Sommer kühles Wetter. Der Winter
bleibt dabei mäßig kalt. Viele Wolken und Regen sind
bei einem solchen Wind zu erwarten.

Wind aus Ost, Nordost und Nord:
Er stammt aus Rußland, Skandinavien und dem Balkan
und bringt die kontinentale Polarluft zu uns. Dadurch wird
es im Sommer warm und im Winter sehr kalt. Hier kann er
auch aus südöstlicher Richtung kommen. Wenig Wolken
und auch wenig Niederschlag sind zu erwarten.

Wind aus Südwest und Süd:
Er kommt von den Azoren und vom Mittelmeer und trägt
maritime, subtropische Luft mit sich. Die Sommer
werden schwül, die Winter recht mild. Wolken
und Regen kündigen sich an.

Wind aus Südost:
Es herrscht heißes und sonniges Wetter im Sommer,
da dieser Wind die subkontinentale Luft
der Subtropen mitbringt.

Wenn sich der Wind also schnell dreht, ändert sich womöglich auch die Witterung. In unserer Gegend haben sich folgende Aussagen bewahrheitet:

* Aus dem Norden strömt kalte Polarluft.
* Westliche Winde bringen feuchte Meeresluft.
* Bei Winden aus dem Süden können sich die Temperaturen erhöhen.
* Der Wind aus dem Osten ist trocken, aber unterschiedlich warm.

Zum Thema Wind und Wetter stammen einige Bauernregeln aus alter Überlieferung:

Ander Wind – ander Wetter.
◆
Der Wind bringt das Wetter.
◆
Winde, die sich mit der Sonne erheben und legen,
bringen selten Regen.
◆
Wind von Sonnenaufgang
ist schönen Wetters Anfang.
Wind von Sonnenuntergang
ist Regens Anfang.
◆
Neumond mit Wind
ist zu Regen und Schnee gesinnt.
◆
Kält' und Nachtfröst' schädlich sind,
gut hingegen ist der Wind.

Der Nordwind ist ein rauher Vetter,
aber er bringt beständig Wetter.

◆

Bläst im August der Nord,
dauert das gute Wetter fort.

◆

Ostwind bringt Heuwetter,
Westwind bringt Krautwetter,
Südwind bringt Hagelwetter,
Nordwind bringt Hundewetter.

◆

Südwest - Regennest.

◆

Dreht zweimal sich der Wetterhahn,
so zeigt er Sturm und Regen an.

◆

Ziehen die Wolken dem Wind entgegen,
gibt's am andern Tage Regen.

◆

Weht's aus Ost bei Vollmondschein,
stellt sich strenge Kälte ein.

◆

Großer Wind ist selten ohne Regen.

◆

Gibt's im Januar Wind von Osten
tut die Erde lange frosten.

◆

Wenn im Januar der Südwind brüllt,
werden die Friedhöfe schnell gefüllt.

◆

Das Wetter erkennt man am Winde
wie den Herrn am Gesinde.

◆

Auf den Bergen geht der Wind heftiger
als im Tal.

Bauernregeln rund um die Wolken

Aber nicht der Wind allein „formt" das Wetter. Auch die Wolken spielen dabei eine nicht unerhebliche Rolle. Wolken entstehen, wenn sich die Luft nach oben bewegt. Ist das Wetter ruhig, geht es nur wenige Zentimeter pro Sekunde weiter. Herrschen Gewitter oder Regenschauer, bewegt sich die Luft wesentlich schneller – bis zu einem Meter pro Sekunde. Jede Stunde können die Luft und Wasserdampf ein paar tausend Meter steigen. Dabei werden die Wassertröpfchen immer mehr abgekühlt, und auch wenn es Sommer ist, sinkt die Temperatur in dieser Höhe bis unter den Gefrierpunkt.

Unter diesen Bedingungen werden die Wassertropfen zu Eis und Schnee – im Winter fallen sie als weiße Pracht vom Himmel, im Sommer kann daraus ein Hagel- oder Graupelschauer werden.

Natürlich sind auch hier Bauernregeln überliefert, die sich mit dem Zusammenhang Wetter – Wolken auseinandersetzen:

Es regnen nicht alle Wolken,
die am Himmel stehen.

◆

Wenn Schäfchenwolken am Himmel steh'n,
kann man ohne Schirm spazieren geh'n.

◆

Je weißer die Schäfchen am Himmel geh'n
desto länger bleibt das Wetter schön.

◆

Weiße Wolken befeuchten die Erde nicht.
Dunkle Wolken künden Regen.

◆

Schwarze Wolken –
schwere Wetter.

Anonymer Kupferstich aus dem 17. Jahrhundert

◆

Wenn der Himmel gezupfter Wolle gleicht,
das schöne Wetter bald dem Regen weicht.

◆

Der Regen fällt nicht
aus den niedrigsten Wolken.

◆

Wenn die Sonne scheint sehr bleich,
ist die Luft an Regen reich.

◆

Eine kleine Wolke am Morgen
macht oft ein großes Abendgewitter.

◆

Bauernregeln rund um den Nebel

Wind und Wolken sind beileibe nicht alle Zutaten, aus
denen sich unser Wetter zusammensetzt. Auch der Nebel
hat hier einen wichtigen Part. Unter Nebel versteht man

125

Wolken, die auf der Erdoberfläche liegen. Die Luft ist gesättigt von Wasserdampf. Meteorologisch gesehen spricht man erst dann von Nebel, wenn sie Sicht weniger als 1000 Meter beträgt.

Sollte der Nebel in Bodennähe liegenbleiben, verdunsten die mikrokleinen Nebeltröpfchen, wenn die Sonne am Morgen die Luft erwärmt. Aber der Nebel kann auch in höhere Luftschichten transportiert werden. Je höher der Wasserdampf steigt, desto mehr kühlt er sich ab. Dann entstehen aus dem einstigen Nebel Wolken. Auch zu diesem Thema sind Bauernregeln erstellt worden:

Auf gut' Wetter vertrau,
beginnt der Tag nebelgrau.

◆

Kommt abends über Wies' und Fluß
der Nebel an des Tages Schluß,
wenn Sonnenkraft ihn wieder kann vertreiben,
so wird's schön Wetter bleiben.

◆

Wenn der Nebel steigt, verspricht er allgemein Regen.

◆

Der Nebel bleibt auf der Erde,
bis die Sonne ihn hinauf zieht.

◆

Nebel, der sich steigend hält,
bringt Regen,
doch klar Wetter,
wenn der Nebel fällt.

◆

Ist der Nebel dick,
hat die Sonn' kein Glück.

◆

Sind abends über Wies' und Fluß Nebel zu schauen,
wird Petrus anhaltend schön' Wetter zusammenbrauen.

Auch das ist über Jahrhunderte beobachtet worden: Nebel und Reif bilden sich nachts, wenn Hochnebelfelder auf die Erde niederfallen, aber nachdem sie sich aufgelöst haben, kommt wieder schönes Wetter zum Vorschein. Folgende Regeln sind daraus entstanden:

Grauer Morgen –
schöner Tag.
◆

Reif und Tau
machen den Himmel blau.
◆

Bauernregeln rund um die Farben des Himmels: Abend- und Morgenrot sowie der Regenbogen

Die Farben des Himmels gehören mit zu den „Informanten", die uns über das Wetter unterrichten – Morgenrot, Abendrot, der Regenbogen. Wenn sich der Himmel rot färbt, ist das eine Folge des tiefen Stands der Sonne (morgens und abends). Sie schickt ihre Strahlen durch die Luftschichten nahe des Bodens. Diese enthalten viel Wasserdampf. Je mehr davon, desto kräftiger leuchten die Farben.

Tagsüber steht die Sonne hoch. Das Sonnenlicht wirkt wesentlich weißer, da sich die Spektralfarben aus rotem, blauem, grünem und violettem Licht überlagern.

Wenn ein Regenbogen zu sehen ist, deutet das auf Regen in einiger Entfernung hin. Das Sonnenlicht zerlegt die Wassertropfen der Wolken in einzelne Farben. Je größer die Tropfen sind, desto farbiger und leuchtender erscheint uns der Regenbogen.

Zu den Farben am Himmel findet sich ebenfalls so manche Bauernregel:

Abendrot – Gutwetterbot',
◆
Morgenrot mit Regen droht.
◆
Der schönste Tag beginnt
mit einer stillen Morgenröte.
◆
Abendrot bei West
gibt dem Frost den Rest.
◆
Westwind und Abendrot
machen die Kälte tot.
◆
Der Abend rot
und weiß das Morgenlicht,
dann trifft uns
böses Wetter nicht.
◆
Geht die Sonne feurig auf,
folgen Regen und Wind darauf.
◆
Dem Morgenrot
ist nicht zu trauen.
◆
Regenbogen am Morgen
macht dem Schäfer Sorgen;
Regenbogen am Abend
ist dem Schäfer labend.
◆
Regenbogen am Abend
läßt gut' Wetter hoffen;
Regenbogen am Morgen
läßt für Regen sorgen.
◆

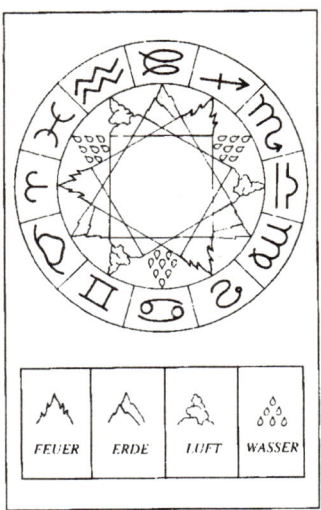

FEUER	ERDE	LUFT	WASSER

Bauernregeln rund um Gewitter, Blitz und Donnerschlag

Es ist bereits erwähnt worden: Durch starke Gewitter mit Blitz, Hagel und Donnerschlag kann die Ernte eines ganzen Jahres vernichtet und so großer Schaden angerichtet werden.

Gewitterwolken bilden sich, wenn die Luft einen hohen Feuchtigkeitsgrad hat und bei schwülwarmem Wetter aufsteigt. Die Wolken hängen tief, und in ihnen entstehen Bereiche mit positiver und negativer Ladung. So entstehen elektrische Spannungen in der Wolke, die ebenso wie die Spannungen zwischen Wolke und Erdboden entladen werden wollen. Es kommt unweigerlich zum „Kurzschluß" – dem Blitz. Das ist ein langer Funke entweder zwischen den Wolkenteilen oder zwischen Wolke und Erdboden.

Der Blitz erhitzt die Luft kurzzeitig um ein Vielfaches. Es entsteht eine sehr starke Druckänderung, wodurch der Donner ausgelöst wird. Dieser breitet sich in Schallgeschwindigkeit aus, legt also etwa 1000 Meter in drei Sekunden zurück. Aus diesem Grunde kann man auch ganz leicht errechnen, wie weit ein Gewitter entfernt ist. Man zählt die Sekunden zwischen Blitz und Donner und teilt das Ergebnis durch drei. So hat man die Entfernung in Kilometern.

Folgende Bauernregeln beschäftigen sich mit Blitz und Donner, mit Gewitter und Hagel:

Wetter, die langsam ziehen,
schlagen am schwersten.

◆

Auf schwüle Luft folgt Donnerwetter.

◆

Wie das erste Gewitter zieht,
man die anderen folgen sieht.

◆

Ein kleiner Regen dämpft ein großes Gewitter.

◆

Gewitter in der Vollmondzeit
verkünden Regen lang und breit.

◆

Wenn das erste Wetter hagelt,
so hageln auch die folgenden gern.

◆

Dampft's Strohdach nach Gewitterregen,
kehrt's Gewitter wieder auf anderen Wegen.

◆

Große Unwetter kommen von großer Hitze.

◆

Ein Blitz trifft mehr Häuser als Grashalme.

◆

Alle bösen Wetter klaren gegen Abend.

◆

Donner im Winter –
steckt viel Kälte dahinter.

◆

Bauernregeln rund um den Föhn

Bauern begrüßen ihn, vielen Menschen im Voralpenland bringt er gesundheitliche Probleme – der Föhn. Es handelt sich hierbei um einen Fallwind, der meist im Frühling auftritt. Er ist trocken und warm und entsteht, wenn feuchtwarme Luft vom Mittelmeer gegen die Südseite der Alpen weht. Daraufhin steigt die Luft auf, in Oberitalien bilden sich riesige Wolken, die dort zu starken Regenfällen führen. Die Luft sinkt wieder ab, wenn sie die Alpen überquert hat, und erwärmt sich. Die tiefen Wolken lösen sich auf, und der Föhn ist da. Zwei Bauernregeln für den Föhn haben wir:

Wenn der Föhn vergohd,
fällt's Wetter in Kot.

◆

Wenn Linsenwolken am Himmel steh'n,
herrscht ganz gewiß Föhn.

9

Auch Tiere verraten uns das Wetter

Jahreszeitlich bedingte Arbeiten der Bauern,
verknüpft mit dem Tierkreis.
Französischer Holzschnitt von 1504.

Wenn sich das Wetter ändert, spüren das Tiere wesentlich intensiver als Menschen. Dabei handelt es sich nicht etwa nur um Lebewesen in der freien Wildbahn. Auch unsere domestizierten Haus- und Hofgenossen haben sich diese Fähigkeit erhalten. Besonders für die Tiere in Wald und Flur ist es praktisch lebensnotwendig, Unwetter zur rechten Zeit zu erkennen, noch bevor Wind und Wetter ihnen Schaden zufügen können.

Aber nicht nur Niederschläge oder Winde können Tiere „vorausahnen". Wissenschaftliche Untersuchungen haben bewiesen, daß Hunde und Katzen beispielsweise Naturkatastrophen wie Erdbeben im voraus bemerken.

Nicht umsonst ist daher die Liste der Bauernregeln lang, die sich mit den Fähigkeiten der Tierwelt beschäftigen. Aus dem Verhalten der Tiere können wir Rückschlüsse auf die sich verändernden Witterungsverhältnisse ziehen. Die wissenschaftliche Forschung hat die Regeln, die wir als Laien uns oft nicht so genau erklären können, genauestens nachvollzogen.

Zum Beispiel gelten die Schwalben als perfekte Wetterboten. Und das hat eigentlich nur etwas mit ihrer Nahrungssuche zu tun. Wenn sonniges Hochdruckwetter herrscht, steigen riesige Luftblasen in der Atmosphäre nach oben. In diesen Luftblasen befinden sich Insekten, Hauptnahrungsquelle dieser Vögel. Die Schwalben sind also gezwungen, an solchen Tagen höher zu fliegen, um in den Genuß ihres köstlichen Mahls zu kommen. Ist es kühler, sind nur sehr wenige dieser Luftblasen am Himmel. Die Insekten sind näher am Boden zu finden – und die Schwalben somit natürlich auch.

Auch Hahn und Hühner können die Wettervorhersage im Fernsehen bis zu einem gewissen Grad ersetzen. Kündigt sich Regen an, begeben sie sich tatsächlich auf den Misthaufen, weil sie auf der obersten Schicht ihre Nahrung finden. Bei Hochdruckwetter ist diese Schicht ausgetrocknet.

134

Eine ganze Menge Bauernregeln befaßt sich mit dem Verhalten von Tieren in bezug auf das Wetter:

Kräht der Hahn auf dem Mist,
ändert sich das Wetter;
kräht der Hahn auf dem Hühnerhaus,
hält das Wetter die Woche aus.

◆

Siehst du die Schwalben niedrig fliegen,
wirst du Regenwetter kriegen.

◆

Fliegen die Schwalben in den Höh'n,
kommt ein Wetter, das ist schön.

◆

Bleiben die Schwalben lange,
sei vor dem Winter nicht bange.

◆

Möwen ins Land -
Unwetter vor der Hand.

◆

Wenn die Möwen zum Land fliegen,
werden wir großen Sturm kriegen.

◆

Kommen aus Norden die Vögel an,
will die Kälte uns schon nah'n.

◆

Wenn der Hahn die Stunde nicht hält,
ändert sich das Wetter bald.

◆

Sieht man die Zugvögel schon zeitig ziehen,
bedeutet's, daß sie vor der Kälte fliehen.

◆

Wenn die Drossel schreit,
ist der Lenz nicht mehr weit.

◆

Wenn die Krähe schreit,
ist der Regen nicht weit.

◆

Ziehen die wilden Gäns' und Enten fort,
ist der Winter bald am Ort.

◆

Bleiben Störche und Reiher nach Bartholomä (24.8.),
kommt ein Winter, der tut nicht weh.

◆

Zieh'n die Vögel nicht vor Michaeli (29.9.) fort,
wird's nicht Winter vor Christi Geburt.

◆

Früher Vogelsang
macht den Winter lang.

◆

Kommt die wilde Ente,
hat der Winter bald ein Ende.

◆

Hocken die Hühner in den Ecken,
kommt bald Frost und Winters Schrecken.

◆

Bleiben die Schwalben lange,
sei vor dem Winter nicht bange.

◆

Zu Mariä Verkündigung (25. März)
kommen die Schwalben wiederum.

◆

Frösche auf Stegen und Wegen
deuten auf baldigen Regen.

◆

Wenn die Mücken tanzen und spielen,
sie morgiges Wetter fühlen.

◆

Wenn die Mücken im Schatten spielen,
werden wir bald den Regen fühlen.

Im Hornung lieber der Wolf auf dem Mist als die Mücken.

◆

Reißt die Spinne ihr Netz entzwei,
kommt der Regen bald herbei.

◆

Ist die Spinne träg' zum Fangen,
Gewitter bald am Himmel hangen.

◆

Im Frühjahr Spinnen auf dem Feld,
gibt einen schwülen Sommer.

◆

Wenn im Herbst die Spinnen kriechen,
sie einen kalten Winter riechen.

◆

Wenn die Spinnen weben im Frei'n,
kann man sich lang am schönen Wetter freu'n.
Doch reißt das Netz der Spinn' entzwei,
kommt der Regen bald herbei.

◆

Wenn am Stock die Bienen bleiben nah,
ist der Regen recht bald da.

◆

Kriechen die Würmer aus der Erd',
der Bauer bald Regen erfährt.

◆

Sind die Maulwurfshügel hoch im Garten,
ist ein strenger Winter zu erwarten.

◆

Graben sich im Oktober die Mäus' tief in die Erden,
wird's ein strenger Winter werden;
aber viel strenger noch, bauen die Ameisen hoch.

◆

Wenn die Schafe auf der Weide
mit den Köpfen zusammenstehen,
gibt es Gewitter.

137

10
Lostage und -nächte, Schwendnächte

Eine Seite aus dem „Calendrier et Compost des Bergers" (1520), die die Arbeit im Juli symbolisiert.

Um das Wetter zu deuten, beobachteten die Bauern nicht nur Wind und Wolken, das Vieh und die Farben des Himmels. Für sie gab es auch die „verworfenen Tage" oder „Schwendtage".

Diese Tage sind nicht etwa kirchlichen Ursprungs, sondern stammen noch aus dem heidnischen Glauben des alten Roms. An diesen Tagen war es verboten, irgend etwas Neues anzufangen. Außerdem mußte jegliche Arbeit ruhen. Obwohl das Christentum eingeführt wurde, haben die Schwendtage teilweise bis in unsere Tage auf dem Land ihre Bedeutung nicht verloren. Schwendtage gibt es in jedem Monat des Jahres – außer im Dezember. Es sind dies im einzelnen:

- im Januar der 2., 3., 4. und 18.
- im Februar der 3., 6., 8. und 16.
- im März der 13., 14., 15. und 29.
- im April der 19.
- im Mai der 3., 10., 22. und 25.
- im Juni der 17. und 30.
- im Juli der 19., 22. und 28.
- im August der 1., 17., 21., 22. und 29.
- im September der 21., 22., 23., 24., 25., 26., 27. und 28.
- im Oktober der 3., 6. und 11.
- im November der 12.

Im Dezember kennt man nach alten Überlieferungen die Losnächte. Das Wort leitet sich her aus dem althochdeutschen „lozen", was soviel wie Wahrsagen oder in die Zukunft schauen bedeutet. Früher gab es viele Rituale, die man in diesen Losnächten abgehalten hat. Heute kennen wir nur noch das Bleigießen als Überbleibsel. Die Bräuche verbindet man mit dem früheren allabendlichen Zusammensein in der Bauernstube. Dort wurden alte Geschichten erzählt und die Geschehnisse in Dorf und Familie erörtert.

Als Losnächte gelten die Nächte vor

* dem 30. November: Andreastag,
* dem 25. Dezember: Weihnachtstag,
* dem 1. Januar: Neujahrstag und
* dem 6. Januar: Dreikönigstag.

Im Dezember beginnen auch die sogenannten „Rauhnächte", zwölf an der Zahl. Sie dauern bis zum 6. Januar. Vom 25. Dezember bis dahin treiben nach alten Überlieferungen böse Geister und Dämonen ihr Unwesen. Die Seelen der Verstorbenen, so erzählt man sich, hatten zu der Zeit Ausgang und trieben sich als Wotans „wilde Jagd" nachts durch die Gegend.

Nach uraltem Bauernwissen nennt man die Tage, von denen aus man bestimmte und oft ziemlich exakte Wetterprognosen ableiten kann, „Lostage". Mit den Losnächten haben sie nur eingeschränkt etwas zu tun. Die Lostage sind für Bauern und Gärtner von großer Bedeutung. Nach ihnen richtet man sich, wenn die Arbeit auf dem Feld oder im Garten ansteht. Die wichtigsten Lostage sind:

* 2. Februar: Mariä Lichtmeß,
* 22. Februar: Petri Stuhlfeier,
* 25. März: Mariä Verkündigung,
* 27. Juni: Siebenschläfertag,
* 15. August: Mariä Himmelfahrt,
* 24. August: Bartholomäustag
* und die Tage zwischen Weihnachten und dem Dreikönigstag.

Die Lostage waren für den Abt Mauritius Knauer eines der wichtigsten Elemente in seinem „Immerwährenden Kalender". Er kannte aber auch die uralten Überlieferungen der

„Pauren Practic". Eines der ältesten Bücher mit diesen Zukunftsdeutungen stammt aus dem Jahre 1508 und stellt fest:

> „Aufs Wetter gib wohl acht
> von Christtag bis Dreikönigsnacht.
> Es zeigt dir, was das Jahr dann macht."

◆

> Wenn es in der Christnacht lauter und klar,
> ohne Wind und Regen ist,
> so wird des Jahres Wein und Frucht genug.

◆

> Der Wind zeigt an,
> wie's um das Jahr getan:
> Weht er in der Christnacht,
> so sterben die Fürsten im Land.
> Weht er in der vierten Nacht,
> so wird Hunger sein.
> Weht er die achte Nacht,
> so sterben alte und junge Leut' viel.
> Weht er die zwölfte Nacht,
> so gibt's viel Kriege und Streit.

In diesem uralten Brauchtum, das sicher auch Abt Knauer kannte, war fest verankert, daß der Wochentag, auf den Heiligabend fiel, eine wichtige Bedeutung fürs kommende Jahr hatte. Und das stand in der „Bauernpraktik" dazu vermerkt:

◆ Ist der 24. Dezember ein Freitag (1999, 2004 und 2010), so wird der Winter fest und stark. Auch das Frühjahr, der Sommer und der Herbst werden gut. Wein, Korn und Heu erntet man in solchen Jahren genügend und in guter Qualität.

◆ Ist der 24. Dezember ein Samstag (2005, 2011 und 2016), so gibt's einen Winter mit viel Kälte und Schnee, aber auch trübe Tage mit viel Wind. Der Lenz wird „bös und windig". Einem guten Sommer folgt ein trockener Herbst. Die Ernte fällt schlecht aus - es gibt nur wenig Korn und Früchte.

◆ Ist der 24. Dezember ein Sonntag (2000, 2006 und 2017), so folgt nach der „Bauernpraktik" ein warmer, guter Winter. Das Frühjahr wird sanft und naß, der Sommer heiß, trocken und schön, der Herbst feucht und windig. Wein und Korn erntet man in solchen Jahren genügend und gut. Auch Honig gibt's genug, schmale Saat und Gartenfrüchte geraten hervorragend.

◆ Ist der 24. Dezember ein Montag (2001, 2007 und 2012), so wird es weder einen zu kalten noch zu warmen Winter geben. Der Lenz wird gut, der Sommer windig; im Herbst kann man mit viel Honig und Wein rechnen.

◆ Ist der 24. Dezember ein Dienstag (2002, 2013 und 2019), so muß man im Winter viel Kälte und Schnee erwarten. Das Frühjahr zeigt sich mit Wind, der Sommer wird naß, der Herbst dagegen trocken. Wein und Korn gibt es genügend, jedoch nicht im Übermaß.

◆ Ist der 24. Dezember ein Mittwoch (2003, 2008 und 2014), so wird der Winter wechselhaft – teils hart, teils warm. Das Frühjahr wird übles Wetter bringen, der Sommer wird wechselhaft und der Herbst gut werden. Für Wein und Korn gilt: Die Ernte fällt genügend und gut aus.

◆ Ist der 24. Dezember ein Donnerstag (2009, 2015 und 2020), so wird der Winter gut mit Regen sein. Der Lenz wird windig, der Sommer wechselhaft und im Herbst herrschen Regen und Kälte vor. Wein wird es mäßig geben, Honig nur wenig; Korn und Früchte dagegen genügend.

11
Lostage und Bauernregeln für jeden Monat im Jahr

*Der Mensch, eingeordnet in die vier Elemente Feuer, Wasser,
Erde und Luft. Zusätzlich bestimmen noch Sonne, Mond, die Planeten
und die anderen Gestirne das Leben.
Darstellung: Petrarca-Meister, gedruckt 1572.*

Die Überlieferungen sagen uns: An den Lostagen kann man das Wetter der kommenden Wochen oder sogar Monate recht exakt bestimmen. Mauritius Knauer, der Abt aus Langheim, hat sie in seinem „Immerwährenden praktischen Wirtschaftskalender" für jeden Monat im Jahr genauestens aufgeführt. Jeder Lostag hat eine Bauernregel, die oft mit dem Namen des Heiligen zusammenhing, der an diesem Tag verehrt wurde – nach kirchlichem Brauch.

Nachfolgend ein Kalendarium mit allen Lostagen, Monat für Monat aufgegliedert.

Januar

Der Januar wurde früher auch Hartung genannt. Die Saat ist geschützt, wenn eine ausreichende Schneedecke auf dem Boden liegt. Der tiefste Sonnenstand ist überwunden, und die Tage werden länger.

1. Januar   Neujahrsnacht still und klar,
deutet auf ein gutes Jahr.

*2. Janua*r   Wie das Wetter an Markarius war,
so wird der September: trüb oder klar!

3. Januar   Wenn's um Neujahr Regen gibt,
oft's um Ostern noch stiebt.

6. Januar   Ist Heiligdreikönig hell und still,
der Winter vor Ostern nicht weichen will.

8. Januar   St. Erhard mit der Hack
steckt die Feiertag' in' Sack.

10. Januar	An Agathe Sonnenschein bringt viel Korn und Wein.
15. Januar	Ist der Paulustag gelinde, folgen im Frühjahr rauhe Winde.
20. Januar	An Fabian und Sebastian fängt oft der rechte Winter an.
21. Januar	Wenn Agnes und Vincentus kommen, wird neuer Saft im Baum vernommen.
22. Januar	Wie das Wetter um Vinzenz war, wird es sein das ganze Jahr.
25. Januar	Hat Paulus weder Schnee noch Regen, bringt das Jahr gar manchen Segen; hat er Wind, regnet's geschwind.
30. Januar	Bringt Martina Sonnenschein, hofft man auf viel Korn und Wein.
31. Januar	Anfang und Ende vom Januar zeigen das Wetter fürs ganze Jahr.

Februar

Früher hieß der Februar Hornung. Er ist der kürzeste Monat des Jahres. Seinen heutigen Namen erhielt er von einer Märtyrerin namens Febronia, eine Zeitgenossin des römischen Kaisers Diokletian.

2. Februar	So lang die Lerch' vor Lichtmeß singt, so lang sie nachher weder singt noch schwingt.

147

3. Februar	Sankt Blasius stößt dem Winter die Hörner ab.
4. Februar	Sonnt sich der Dachs in der Lichtmeßwoch', eilt auf vier Wochen er ins Loch.
5. Februar	Sankt Agathe, die Gottesbraut, macht, daß Schnee und Eis gern taut.
6. Februar	St. Dorothee bringt meistens Schnee.
8. Februar	Hornung hell und klar, gibt es gut's Frühjahr.
9. Februar	Ist's an Apollonia feucht, der Winter sehr spät entweicht.
12. Februar	An Sankt Eulalia Sonnenschein, bringt viel Obst und guten Wein.
14. Februar	An Sankt Valentin friert's Rad mitsamt der Mühle 'in.
17. Februar	Heftige Nordwinde im Februar vermelden ein gar fruchtbar Jahr. Wenn der Nordwind im Hornung aber nicht will, dann kommt er sicher im April.
22. Februar	Dies ist ein besonderer Lostag: Wie das Wetter an diesem Tag ist, soll es 40 Tage lang bleiben!

23. Februar   Wenn's friert auf Petri Stuhlfeier,
friert's noch vierzehnmal heuer.

24. Februar   Sankt Matthias hab' ich lieb,
denn er gibt dem Baum den Trieb.

28. Februar   Februar warm – Frühling kalt.
Sankt Roman hell und klar,
bedeutet ein gutes Jahr.

März

Der März wurde früher auch Lenzmond genannt. Es ist der
Monat des Fastens und der Enthaltsamkeit. Für den Bauern
beginnt jetzt die Arbeit auf dem Feld.

3. März   Sankt Kunigund
macht warm von unt'.

10. März   Wie es an vierzig Rittern wittert,
wittert es noch vierzig Tage.

11. März   Bringt Rosamunde Sturm und Wind,
so ist Sybilla (29. April) uns lind.

12. März   Gregor zeigt dem Bauern an,
daß im Feld er säen kann.

17. März	Sonniger Gertrudentag, Freud' dem Bauern bringen mag.
19. März	Wenn's einmal um Josephi is', so endet der Winter g'wiß. Ist's an Josephus klar, folgt ein gesegnet' Jahr.
21. März	An Sankt Benedikt acht' gar wohl, daß man Hafer säen soll. Willst du Gerste, Erbsen, Zwiebeln dick, so säe an Sankt Benedikt.
24. März	Scheint auf Sankt Gabriel die Sonn', hat der Bauer Freud' und Wonn'.
25. März	So viel Tage vor Marien die Frösche schreien, so viel müssen sie nachher schweigen. Ist Marie schön und hell, kommt viel Obst auf alle Fäll'.
27. März	Ist an Ruprecht der Himmel rein, so wird's auch im Juli sein.

April

Keimmond hieß der April früher. Er ist als launenhaft verschrien, weil sich das Wetter jederzeit ändern kann.

1. April	Säen im ersten April verdirbt den Bauern mit Stumpf und Stiel.
2. April	Sturm und Wind an Rosamunde bringen eine gute Kunde.

3. April   Wer an Christian säet Lein,
bringt schönen Flachs in seinen Schrein.

4. April   Ist Ambrosius schön und rein,
wird Sankt Florian (2. Mai) wilder sein.

5. April   Ist Sankt Vinzenz Sonnenschein,
bringt es viele Körner ein.

14. April   Am Tage Tiburtii
sollen alle Felder grünen.

22. April   Gewitter vom Georgiustag (24. April),
folgt gewiß noch Kälte nach.

24. April   Zu Georgi blinde Reben,
volle Trauben später geben.

25. April   So lange es vor Sankt Markus warm ist,
so lange ist es nachher kalt.

28. April   Friert's am Tag vor Sankt Vidal,
friert es wohl noch fünfzehnmal.

30. April   Regen auf Walpurgisnacht
hat immer gutes Jahr gebracht.

Mai

Der Wonnemonat heißt auch Meienmonat. Er ist der Monat der Liebenden, er wird von vielen Dichtern besungen. Wenn es nach dem Bauern ginge, würde im Mai trübes Wetter vorherrschen. So gedeiht alles besser.

3. Mai   Wie's Wetter am Kreuzfindungstag,
       bis Himmelfahrt es bleiben mag.

4. Mai   Der Florian, der Florian,
       noch einen Schneemann setzen kann.

6. Mai   Johannisnacht gesteckte Zwiebel
       wird groß fast wie ein Butterkübel.

7. Mai   Wenn sich naht Sankt Stanislaus,
       rollen die Kartoffeln aus.

12. Mai   Wenn's an Pankratius gefriert,
       wird im Garten viel ruiniert.

13. Mai   Pankraz und Servaz sind zwei böse Brüder:
       Was der Frühling gemacht,
       zerstören sie wieder.

14. Mai	Wer seine Schafe schert vor Bonifaz, dem ist die Woll' lieber als das Schaf.
15. Mai	Vor Nachtfrost sicher bist du nicht, bevor Sophie vorüber ist.
25. Mai	Scheint am Urbanstag die Sonne, so gerät der Wein zur Wonne. Regnet's aber, nimmt er Schaden, und wird selten wohlgeraten.
31. Mai	Ist es klar an Petronell, meßt den Flachs ihr mit der Ell'.

Juni

Dieser Monat heißt auch Brachmond. Die Heuernte beginnt bereits in der zweiten Hälfte.

1. Juni	Schönes Wetter auf Fortunat, ein gutes Jahr zu bedeuten hat.
8. Juni	Was Sankt Medard für Wetter hält, solch Wetter auch in die Ernte fällt.
10. Juni	Hat Margaret kein' Sonnenschein, kommt das Heu nie trocken heim.
11. Juni	Wenn Sankt Barnabas bringt Regen, so gibt es viel Traubensegen.
13. Juni	Wenn Sankt Anton gut' Wetter lacht, Sankt Peter (29. Juni) in viel Wasser macht.

15. Juni	Nach Sankt Veit wendet sich die Zeit, alles geht auf die andere Seit'.
16. Juni	Wer auf Sankt Benno baut, kriegt viel Flachs und Kraut.
19. Juni	Wenn's regnet auf Gervasius, es vierzig Tage regnen muß.
24. Juni	Vor dem Johannestag man keine Gerste loben mag. Tritt auf Johanni Regen ein, so wird der Nußwuchs nicht gedeih'n.
25. Juni	Wenn an Johanni die Linde blüht, ist an Jakobi (25. Juli) das Korn reif.
26. Juni	Wenn die Johanniswürmer glänzen, darfst du richten deine Sensen.
27. Juni	Regnet es am Siebenschläfertag, so regnet's noch sieben Wochen danach.
29. Juni	Regnet's an Peter und Paul, wird des Winzers Ernte faul. Peter und Paul hell und klar bringt ein gutes Jahr.

Juli

Der Juli ist auch bekannt unter der Bezeichnung Heumond. Die Ernte ist ab der zweiten Monatshälfte voll im Gange.

2. Juli	Regnet's am Tag unserer lieben Frauen, da sie das Gebirg tät beschauen,

so wird sich das Regenwetter mehren
und 40 Tage nacheinander währen.

4. Juli Regen am Sankt-Ulrichs-Tag
macht die Birnen stichig-mad'.

8. Juli An Sankt Kilian säe Rüben und Wicken an.

17. Juli Regen an Alexe, wird zur alten Hexe.

19. Juli Vinzenz Sonnenschein,
füllt die Fässer mit Wein.

20. Juli Margaretens Regen bringt keinen Segen.
Hat Margaret kein' Sonnenschein,
kommt das Heu nicht trocken ein.

22. Juli Magdalena weint um ihren Herrn,
drum regnet's an ihrem Tage gern.

23. Juli Klar muß Apollinaris sein,
soll sich der Bauer freu'n.

25. Juli Wenn es zu Jakobi regnet,
so regnet es den Weibern in den Backtrog.

26. Juli Ist Sankt Anna erst vorbei,
kommt der Morgen kühl herbei.

August

Erntemond wurde früher dieser Monat genannt, die Bauern brachten ihre Ernte ein.

1. August An Petri Kettenfeier gehen die Störche fort.

155

4. August	Hitze an Sankt Dominikus, ein strenger Winter folgen muß.
5. August	Regen an Mariä Schnee, tut dem Korn tüchtig weh.
7. August	An Sankt Afra Regen kommt dem Bauern ungelegen.
11. August	Nach Sankt Laurenzii wächst das Holz nicht mehr.
13. August	Wie das Wetter an Kassian, hält es viele Tage lang.
16. August	Wenn Sankt Rochus trübe schaut, kommt die Raupe in das Kraut.
24. August	Bartholomäus hat's Wetter parat, für den Herbst bis zur Saat.
26. August	Bleiben die Störche noch nach Bartholomä, kommt ein Winter, der tut nicht weh.
28. August	Um die Zeit von Augustin geh'n die warmen Tage hin.
30. August	Bischof Felix zeigt an, was wir in vierzig Tag' für Wetter han.

September

Das ist der Herbstmond. Die Tage bleiben zwar noch schön sonnig, aber die Nächte werden bereits kühl.

1. September   Ist's an Sankt Ägidi rein,
wird's bis Michaeli (29. September) sein.

3. September   Wie der Hirsch an Ägidi in die Brunft trifft,
so tritt er an Michaeli wieder heraus.

7. September   Ist Regina warm und wonnig,
bleibt das Wetter lange sonnig.

8. September   An Mariä Geburt fliegen die Schwalben furt.

9. September   Regnet es am Sankt-Gorgons-Tag,
geht die Ernte verloren bis auf den Sack.

11. September   Wenn's an Protus nicht näßt ,
ein dürrer Herbst sich erwarten läßt.

12. September   An Mariä Namen sagt der Sommer Amen.

14. September   Ist's hell am Kreuzerhöhungstag,
so folgt ein strenger Winter nach.

17. September   Trocken wird das Frühjahr sein,
ist Sankt Lambert klar und rein.

21. September	Wenn Matthäus weint statt lacht,
	Essig aus dem Wein er macht.
	Wetter, das an Matthäus klar,
	bringt guten Wein im andern Jahr.
22. September	Zeigt sich klar Mauritius,
	viel Stürm' er bringen muß.
25. September	Nebelt's an Sankt Kleophas,
	wird der ganze Winter naß.
29. September	Regnet's sanft am Michaelstag,
	sanft der Winter werden mag.

Oktober

Der Oktober ist der Monat des Weines. Die Ernte ist eingebracht, und der Herbst steht vor der Tür.

1. Oktober	Regen an Sankt Remigius
	bringt den ganzen Monat Verdruß.
2. Oktober	Laubfall an Sankt Leodegar
	kündet an ein fruchtbar' Jahr.
9. Oktober	Regnet's an Sankt Dionys,
	wird der Winter naß gewiß.
16. Oktober	Sankt Gallen läßt den Schnee fallen,
	treibt die Kuh in den Stall
	und den Apfel in den Sack.
17. Oktober	Mit Sankt Hedwig und Sankt Gall
	schweigt der Vögel Sang und Schall.

18. Oktober	Wer an Lukas Roggen streut, es im Jahr drauf nicht bereut.
21. Oktober	Ursula bringt's Kraut herein, sonst schneien Simon und Juda drein.
23. Oktober	Wenn's Sankt Severin gefällt, bringt er mit die erste Kält'.
25. Oktober	Mit Crispin sind alle Fliegen hin.
28. Oktober	Wenn Simon und Juda vorbei, rücket der Winter herbei.
31. Oktober	Sankt Wolfgang Regen, verspricht ein Jahr voller Segen.

November

Der November trägt den Beinamen Nebelmond. Die Tage werden immer dunkler, der Himmel zeigt sich grau in grau. Der November ist auch der Allerseelenmonat. Man gedenkt der Verstorbenen.

1. November	Allerheiligenreif macht zur Weihnacht alles steif.

6. *November*   Nach der vielen Arbeit Schwere,
an Leonhardi die Rösser ehre.

10. *November*   Ist es um Martini trüb,
wird der Winter auch nicht lieb.

11. *November*   Ist die Martinsgans am Brustbein braun,
wird man mehr Schnee als Kälte schau'n;
ist sie aber weiß,
so kommt weniger Schnee als Eis.

15. *November*   Der heilige Leopold
ist dem Altweibersommer hold.

19. *November*   Sankt Elisabeth sagt es an,
was der Winter für ein Mann.

21. *November*   Wenn an Mariä Opferung die Bienen fliegen,
ist das nächste Jahr ein Hungerjahr.

23. *November*   Dem heiligen Klemens traue nicht,
denn selten zeigt er ein mild' Gesicht.

25. *November*   Wie das Wetter zu Sankt Kathrein
wird auch der nächste Hornung sein.

26. *November*   Noch niemals stand ein Mühlenrad
an Konrad, weil er Wasser hat.

27. November   Friert es auf Virgilius,
im Märzen Kälte kommen muß.

30. November   Schau in der Andreasnacht,
was für ein Gesicht das Wetter macht:
So wie's ausschaut, glaub's fürwahr,
bringt's gutes oder schlechtes Jahr.

Dezember

Wintermond oder auch Christmonat hieß der Dezember
früher. An erster Stelle steht bei den Bauern wieder die
Arbeit im Haus. Auch der Advent und die Weihnachtszeit
mit all ihren Sitten und Gebräuchen stehen im Mittelpunkt
des Interesses.

1. Dezember   Fällt auf Eligius ein starker Wintertag,
die Kälte wohl vier Monat' dauern mag.

2. Dezember   Wenn 's regnet am Bibianastag,
regnet's vierzig Tag'
und eine Woche danach.

4. Dezember   Geht Barbara im Klee,
kommt das Christkind im Schnee.

6. Dezember   Regnet es an Nikolaus,
wird er Winter streng und graus.

7. Dezember   Ist Ambrosius schön und rein,
wird Sankt Florian (4. Mai)
ein wilder sein.

13. Dezember   Sankt Luzia kürzt den Tag,
so viel wie sie ihn kürzen mag.

17. Dezember   Ist Sankt Lazar nackt und bar,
gibt's ein schönes neues Jahr.

21. Dezember   Wenn Sankt Thomas dunkel war,
gibt's ein schönes neues Jahr.

22. Dezember   Friert's am kürzesten Tag,
so wird das Korn billig;
ist es gelinde, so steigt es im Preis.

23. Dezember   Vor Weihnacht viel Wasser,
nach Johannis (24. Juni) kein Brot.

25. Dezember   Ist am Abend die Christnacht klar,
ohne Regen, nimm es wahr,
ob die Sonne des Morgens
hat ihren Schein,
das nächste Jahr wird werden viel Wein.

26. Dezember   Windstill muß Sankt Stephan sein,
soll der nächste Wein gedeih'n.

29. Dezember   Wie sich die Witterung vom Christtag bis
Heiligendreikönig hält,
so ist das ganze Jahr bestellt.

12
Die Mondeinflüsse
für den Garten

*Die Tätigkeiten der Bauern verknüpft mit dem Tierkreis
als Jahreszeitengeber. Im Mittelpunkt die Personifikation des Jahres.
Kalenderblatt aus dem „Zwiefaltener Codex", um 1162*

Wie wir bereits erfahren haben, kontrolliert der Mond die Gezeiten der großen Weltmeere. Daher wird ihm auch die Kraft zugeschrieben, Aussaat, Wachstum und Ernte mitzubestimmen. Nimmt der Mond zu, erhöht sich auch die Feuchtigkeit auf der Erde. In dieser Zeit stehen die Pflanzen im besten Saft, und auch die Tiere sind am aktivsten.

Für die Gartenarbeit stellen sich zwei Möglichkeiten zur Wahl, den Mond in die Aktivitäten im Grünen einzubeziehen. Die eine ist eine einfache Methode: Man hält sich beim Gärtnern an die vier Mondphasen – vom Beginn des Zyklus (Neumond) über den zunehmenden Halbmond, den Vollmond und den abnehmenden Halbmond wieder zurück zum Neumond.

Eine andere Möglichkeit ist, sich einen Mondkalender zur Hand zu nehmen, und zwar einen, in dem nicht nur die Mondphasen angegeben sind, sondern der auch noch zeigt, in welchem Tierkreiszeichen sich der Erdtrabant gerade befindet.

Für die erste Variante genügt ein Blick zum Himmel. Mit dem Mondkalender muß man sich schon etwas intensiver beschäftigen. Unter Umständen müssen zusätzlich noch Tabellen zu Rate gezogen werden, die für die Benutzung des Kalenders unerläßlich sind. Aber all das nützt nichts, wenn man keine gute Erde zur Verfügung hat. Denn auch der Mond kann nicht zaubern. Auch das Wetter und die Temperaturen spielen eine große Rolle. Es kann zum Beispiel sein, daß laut Mondkalender mit der Aussaat begonnen werden soll, der Boden aber im März noch tief gefroren ist. In diesem Fall ist davon natürlich Abstand zu nehmen.

Für das Gärtnern nach den Mondphasen ist es wichtig, daß wir noch einmal zusammenfassen. Der Mond durchläuft in seinem Zyklus vier Quartale:

Erstes Quartal:
vom Neumond bis zum zunehmenden Mond

Zweites Quartal:
von Halbmond bis Vollmond

Drittes Quartal:
vom Vollmond zum abnehmenden Mond

Viertes Quartal:
vom Halbmond zum Neumond.

Allgemein gilt: In der Zeit des zunehmenden Mondes sind alle Arbeiten zu verrichten, die zum Wachsen beitragen sollen – vorrangig bei Gewächsen, die ihre Früchte über der Erde tragen. Jetzt ist es auch günstig, Obst und Gemüse zu ernten, das man nicht einlagert, sondern gleich verzehrt. Mit Pflanzen, die ihre Früchte unter der Erde tragen, sollte man sich in der Zeit des abnehmenden Mondes beschäftigen. Dies gilt auch für Gemüse oder Früchte, die man einlagern, einfrieren oder einkochen will.

In welchen Quartalen welche Gartenarbeiten am besten zu erledigen sind, ist in Kapitel 6 nachzulesen. Wer es sich ganz einfach machen möchte, der kann auch nach zwei Mondphasen gärtnern – nach dem zunehmenden und abnehmenden Mond.

♦ Bei zunehmendem Mond „atmet" die Erde sozusagen aus. Das bedeutet: Alles, was über der Erde Ertrag bringen soll, sollte bearbeitet werden. Denn die Säfte in der Pflanze steigen nach oben.

♦ Bei abnehmendem Mond wiederum atmet die Erde ein. Da die Pflanzensäfte jetzt nach unten gehen, ist dies eine ideale Phase zum Schneiden, Vermehren, Düngen, Gießen und Ernten. Auch die Bekämpfung von Schädlingen und Unkraut wird begünstigt.

Der Einfluß des Mondes auf das Wachstum von Pflanzen ist also beträchtlich. Wohin genau dieser Einfluß jedoch geht, hängt entscheidend davon ab, in welchem Tierkreiszeichen sich der Mond gerade befindet. Überlieferungen unserer Vorfahren und Beobachtungen über viele Generationen hinweg haben folgendes ergeben:

Der Mond im Widder begünstigt die Ernte, denn er beeinflußt Reife und Samenbildung. An Widdertagen sollte man auch verstärkt hacken und Unkraut jäten. Von einer Aussaat ist abzuraten, wenn der Mond im Widder steht.

Der Mond im Stier ist ideal fürs Pflanzen und Säen. Hier sollte man vor allem zu solchen Pflanzen greifen, bei denen die Kraft des Mondes auf Wurzeln und Knollen wirken soll. Der Stiermond eignet sich auch hervorragend zum Verpflanzen, weil alles ganz problemlos anwächst.

Der Mond im Zwilling nützt nur dann, wenn man Rank- oder Kletterpflanzen aussät. Alles andere wird dünn und kraftlos. Günstig ist es jetzt, Bodenpflege zu betreiben und zu ernten. Wenn der Rasen an solchen Tagen gemäht wird, wächst er nur ganz langsam nach.

Der Mond im Krebs ist etwas Spezielles. Denn der Krebs ist dem Mond zugeordnet. Das bedeutet Fruchtbarkeit, wie man sie sich wünscht. Alle Aussaat, alle Pflanzungen gedeihen prächtig, die Pflanzen wachsen sehr schnell. Diese Tage sind auch gut zum Gießen. Die Gewächse nehmen das Wasser jetzt am besten auf. Auch Düngen steht unter einem guten Stern.

Der Mond im Löwen ist eine ausgesprochen unfruchtbare Kombination. Auf gar keinen Fall sollte man an solchen Tagen säen und anpflanzen. Die Gefahr ist zu groß, daß Setzlinge verdorren und Samen nicht angehen. Besser ist es, den Rasen zu mähen oder Unkraut zu jäten. Auch das Entfernen von Pflanzen, die nicht mehr erwünscht sind, kann man in Angriff nehmen. Die Wirkung des Löwemondes verstärkt sich noch, wenn man die Arbeiten im August durchführt, dem Monat des Löwen.

Der Mond in der Jungfrau gilt ebenfalls als unfruchtbar, da die Jungfrau vom Planeten Merkur regiert wird. An diesen Tagen sollte man kein Gemüse pflanzen. Einjährige Sommerblumen und Setzlinge hingegen wachsen besonders schnell und blühen prächtig. Die Gelegenheit zum Bekämpfen von Ungeziefer ist gut.

Der Mond in der Waage wirkt ausgesprochen fruchtbar und ist besonders gut geeignet zum Säen und Pflanzen. Bunt blühende Blumen sind dem Waagemond sehr zugetan. Rosen erstrahlen in voller Blütenpracht, aber auch Gemüse gedeiht jetzt sehr gut.

Der Mond im Skorpion nimmt in puncto Fruchtbarkeit nach dem Krebsmond den zweiten Rang ein. Der Grund: Skorpion wird von Pluto regiert. Reiche Ernte erhält derjenige, der jetzt Gemüse und Obst anpflanzt und Blumen aussät. In diesen Tagen angepflanzte, mehrjährige Gewächse zeichnen sich durch besondere Widerstandsfähigkeit aus – auch an Wintertagen mit Frostneigung.

Der Mond im Schützen wird von Jupiter beherrscht. Aus diesem Grund ist der Zeitpunkt für Gartenpflege und Ernte günstig. Allerdings eignen sich Schützentage nicht zum Säen und Pflanzen. Ausnahme: Obstbäume. Wer diese anpflanzen möchte, ist mit einem solchen Tag gut beraten, weil der Schützemond die Fruchtbildung anregt.

Der Mond im Steinbock wird als halbwegs fruchtbar angesehen, da der Steinbock von Saturn beherrscht wird. Alle Pflanzen, die unter der Erde Früchte tragen, werden vom Steinbockeinfluß begünstigt. Außer auf die Wurzeln wirkt dieses Tierkreiszeichen aber auch auf Stamm und Rinde. Sträucher, Büsche und Bäume können also beruhigt angepflanzt werden. Vorsicht: Blühende Blumen haben in diesen Tagen schlechte Karten.

Der Mond im Wassermann ist geradezu ideal für die Gartenarbeit, fürs Jäten und Graben. Auch die Schädlingsbekämpfung verspricht, ein Erfolg zu werden. Nur vom Säen und Anpflanzen sollte man Abstand nehmen.

Der Mond in den Fischen wird als feucht und fruchtbar beschrieben. Alles, was man jetzt sät und anpflanzt, wird wunderbar gedeihen. An Fischetagen werden vor allem Wurzelgemüse und Blumen, die aus Zwiebeln und Knollen wachsen, begünstigt.

13
Heilkräuter
nach Mond und Gestirnen

Der Astrologe in seiner Studierstube:
Titelbild eines der ältesten erhaltenen „Bauernpraktik".

Seit alters her hat man sich bei allen Krankheiten und Beschwerden immer auf die Heilkraft von Pflanzen verlassen. Man wußte zwar nicht unbedingt, warum ein bestimmtes Kraut auf eine ganz bestimmte Weise wirkt. Man wußte jedoch: So manche Pflanze lindert Unwohlsein, heilt Krankheiten und läßt Beschwerden verschwinden.

Heilkräuter sammeln zur rechten Zeit

Wichtig für das Sammeln von Heilkräutern war und ist immer die richtige Zeit. Magische Vorschriften besagten früher ganz klar, wann ein Kraut gesammelt werden durfte. Besonders heilige Pflanzen erforderten natürlich spezielle Rituale. Plinius hat uns überliefert, daß die keltischen Druiden die Mistel genau am sechsten Tag nach Neumond mit einer goldenen Sichel schnitten; selbst ihre Kleidung war vorgeschrieben: So waren sie in weiße Gewänder gehüllt. Die geschnittenen Mistelzweige durften den Boden nicht berühren und wurden deshalb in einem weißen Tuch aufgefangen. Bestimmte heilige Pflanzen durfte man auch später, nach der Zeit der Druiden, nur barfuß pflücken. Manchmal mußte man vorher Brot und Wein opfern oder beim Sammeln Zaubersprüche aufsagen. Man reinigte solche Kräuter manchmal sogar in Muttermilch.

Beim Sammeln und Schneiden von Heilpflanzen spielt der Mond eine entscheidende Rolle: Nicht nur sein Stand im Zyklus, sondern auch das Tierkreiszeichen, das er gerade durchläuft, muß beachtet werden. Die Pflanze selbst wurde früher oft auf magische Weise „behandelt", ehe man sie zur Heilung und Linderung von Krankheiten und Beschwerden einsetzte. Kräuterhexen kennen bis in unsere Zeit hinein folgende Rituale:

- Man darf Heilkräuter nur frisch gebadet pflücken.
- Man soll nüchtern sein und gefastet haben.

* Man sollte vor Sonnenaufgang pflücken.
* Man darf dabei nicht sprechen und auch nicht angesprochen werden.
* Man sollte sich an den Wochentag halten, der die Pflanze regiert.

In Kapitel 6 konnten Sie schon lesen, daß die Wochentage – wie übrigens auch jede Stunde des Tages – von den einzelnen Planeten regiert weden. Auch die einzelnen Stunden eines jeden Tages unterstehen den einzelnen Planeten.

Der Mond und seine Stellung am nächtlichen Himmel sind beim Sammeln der Pflanzen entscheidend:

* Benötigt man von einem Heilkraut die Wurzel oder das Holz, so sammelt man bei abnehmendem Mond.
* Für Blüte, Frucht oder Samen ist dagegen der zunehmende Mond besser.

Für manche Pflanzen ist nach alter magischer Überlieferung sogar ein ganz bestimmter Tag oder Zeitraum im Jahresrund vorgesehen. Daraus entstand übrigens in christlicher

Zeit der Festtag Mariä Himmelfahrt am 15. August: Er war einst der wichtigste Tag zum Sammeln von Heilkräutern, denn jetzt hatten sie ihre größte Heilkraft. Die Kräuterweihe in katholischen Gegenden ist ein Überbleibsel dieses alten Glaubens: Das Kräuterbündel ist von Region zu Region verschieden – es sollte aber immer Salbei, Lavendel, Wermut, Petersilie und Kamille enthalten. Frauendreißiger nannte man die Zeit zwischen Mariä Himmelfahrt (15. August) und Mariä Geburt (8. September). Für Heilzauber und das Sammeln von Heilkräutern waren dies die besten Tage.

Manchmal war für das Sammeln heilender Kräuter sogar die Himmelsrichtung entscheidend:

- Pflanzen, die von Mond, Venus oder Merkur regiert werden, pflückt man mit Blick nach Westen.
- Pflanzen mit dem Regenten Saturn, Mars oder Jupiter pflückt man in Richtung Süden oder Osten.
- Pflanzen, die von der Sonne beherrscht werden, mußte man mit Blick nach Süden sammeln.

Die Regeln des Mondes und der Gestirne

Der Mond bestimmt, wann man bestimmte Pflanzen ernten bzw. sammeln sollte. Dies richtet sich – wie schon gesagt – nach dem Zyklus des Mondes:

- Wurzeln sollte man stets bei Vollmond oder abnehmendem Mond ausgraben. Man sollte sie nicht dem Sonnenlicht aussetzen, deshalb sind die Stunden vor Sonnenaufgang oder die späten Abendstunden bestens geeignet.
- Blätter sammelt man bei zunehmendem Mond, am besten zwischen Neumond und Vollmond. Ausnahme ist nur die Brennessel: Man sollte sie ausschließlich bei abnehmendem Mond pflücken und trinken.

172

◆ Blüten pflückt man stets bei zunehmendem Mond oder Vollmond. Will man die Pflanzen jedoch trocknen, eignet sich der abnehmende Mond besser: Die Blüten trocknen dann schneller.

◆ Früchte und Samen erntet man zu sofortigen Gebrauch bei zunehmendem Mond, zum Trocknen und Lagern jedoch bei abnehmendem Mond.

Der Tierkreis hilft bei der Kräuterernte

Die zwölf Tierkreiszeichen darf man beim Ernten von Kräutern und Heilpflanzen nicht außer acht lassen. Als Grundregel gilt: Ein Heilkraut hilft dann besonders gut, wenn man es an dem Tag erntet, in dem der Mond in selben Zeichen steht wie der Körperteil, den es heilen soll. Und so sieht die Einteilung aus:

Mond im Widder: Kräuter gegen Kopfschmerzen und Augenleiden – etwa Spitzwegerich, Schwarzer Holunder, Waldweidenröschen sowie Augentrost, Kamille.

Mond im Stier: Kräuter gegen Halsschmerzen und Ohrenleiden – etwa als Gurgelmittel Ackerschachtelhalm, Arnika, Brombeere, Oregano, Gartenthymian, Quitte; gegen Halsschmerzen: Saathafer; gegen Ohrenschmerzen Knotige Braunwurz und Zwiebel.

Mond in den Zwillingen: Kräuter zum Inhalieren gegen Lungenleiden, auch gegen Verspannungen im Schulterbereich – etwa Lungenkraut, Brennessel, Holunderblüten und Giersch.

Mond im Krebs: Kräuter gegen Bronchitis, gegen Magen-, Galle- und Leberleiden – etwa Andorn, Borretsch, Schwarzkümmel und Spitzwegerich sowie bei Gallenbeschwerden

Brunnenkresse, Oregano, Himbeere, Liebstöckel, Löwenzahn; bei Leberleiden: Gartenringelblume, Mariendistel, Wegwarte; gegen Magenbeschwerden: Bohnenkraut, Fenchel, Melisse, Pfefferminze, Basilikum, Eibisch, Kamille, Liebstöckel, Pfefferminze, Salbei, Wegwarte.

Mond im Löwen: Kräuter gegen Herz- und Kreislaufbeschwerden – etwa Andorn, Gartenbohne, Herzgespann, Mistel, Knoblauch, Löwenzahn, Melisse, Rosmarin, Waldmeister.

Mond in der Jungfrau: Kräuter gegen Verdauungsbeschwerden, gegen Störungen der Bauchspeicheldrüse und gegen Nervenleiden – etwa Brennessel, Bohnenkraut, Brunnenkresse, Dill, Estragon, Kamille, Koriander, Majoran, Meerrettich, Rosmarin; bei Leiden der Bauchspeicheldrüse: Faulbaum Leinkraut; gegen Nervenleiden: Borretsch, Schwarzer Holunder, Kamille, Koriander, Waldweidenröschen.

Mond in der Waage: Kräuter gegen Hüftleiden sowie Nieren- und Blasenkrankheiten – etwa gegen Blasenleiden Basilikum, Heidekraut, Kapuzinerkresse, Rosmarin, Zwiebel, Birkenblätter, Brennessel, Liebstöckel; gegen Nierenbeschwerden: Preiselbeerenblätter, Löwenzahn, Birkenblätter.

Mond im Skorpion: Kräuter gegen Krankheiten der Geschlechtsorgane. Tage, an denen der Mond im Skorpion steht, gelten ganz allgemein als besonders gute Sammeltage für alle Kräuter! Auch zum Aussäen von Heilkräutern eignen sich diese Tage bestens. Gegen Frauenleiden helfen z. B. Frauenmantel, Erdbeerblätter, Andorn, Gänsefingerkraut; bei Männerbeschwerden wie Prostata: Bärlauch, Brennessel, Birkenblätter, Goldrute, Heidekraut, Schachtelhalm.

Mond im Schützen: Kräuter gegen Ischias und Venenleiden – etwa Brennesseln, Birke, Schwarze Johannisbeere, Lavendel, Liebstöckel, Majoran, Meerrettich, Rosmarin, Silberweide, Wacholder, Zitterpappel.

Eine Seite aus dem „Hirtenkalender", der die Zuordnung des Tierkreises zu den Erdarbeiten darstellt.

Mond im Steinbock: Kräuter gegen Knochen- und Gelenkbeschwerden sowie gegen Hautkrankheiten – etwa Pfennigkraut, Arnika und Bockshornklee; bei Hautleiden: Arnika, Augentrost, Karotten, Kornblumen, Ringelblumen, Pfefferminz, Petersilie, Lavendel, Rote Bete.

Mond im Wassermann: Kräuter gegen Venenleiden - etwa Haselnuß, Kamille und Weiße Taubnessel.

Mond in den Fischen: Kräuter gegen Fußbeschwerden - etwa Scharfer Mauerpfeffer gegen Hühneraugen sowie Sommereiche gegen Fußschweiß.

14

Gesundes Leben mit den Planeten

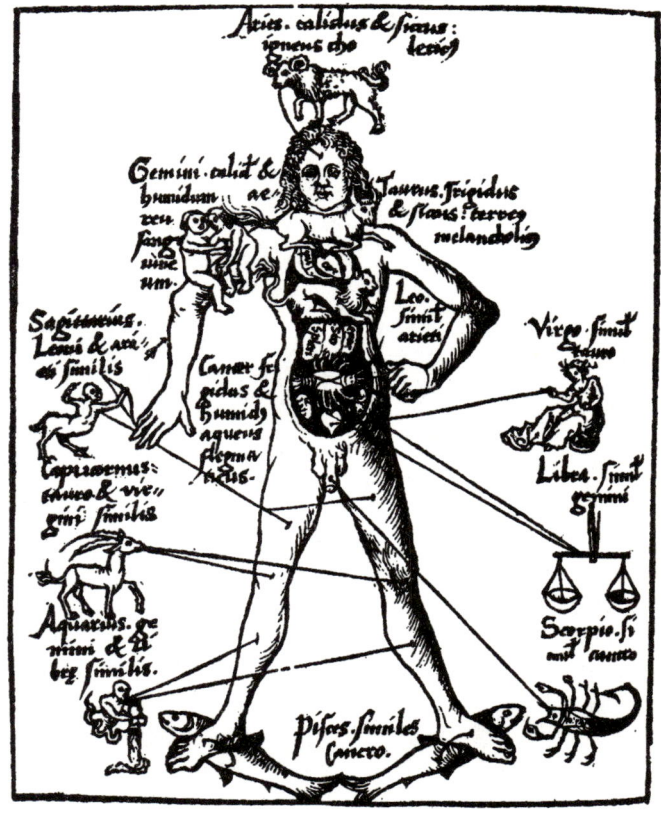

Die Beziehung von Tierkreiszeichen, Planeten und Körperteilen bzw. Organen.
Aus der „Margarita Philosophica" des Gregor Reisch, 1503.

Der Wechsel der Planeten

Astrologen ordnen ja heute noch Sonne und Mond den Planeten zu, mit verschiedenen Eigenschaften, die sich auf den Menschen auswirken – je nachdem, welcher Planet das Jahr regierte, in dem man geboren ist. (Mehr darüber steht im dritten und vierten Kapitel.) Die Planeten stehen in folgendem steten Wechsel:

Saturn	Jupiter	Mars	Sonne	Venus	Merkur	Mond
1930	1931	1932	1933	1934	1935	1936
1937	1938	1939	1940	1941	1942	1943
1944	1945	1946	1947	1948	1949	1950
1951	1952	1953	1954	1955	1956	1957
1958	1959	1960	1961	1962	1963	1964
1965	1966	1967	1968	1969	1970	1971
1972	1973	1974	1975	1976	1977	1978
1979	1980	1981	1982	1983	1984	1985
1986	1987	1988	1980	1990	1991	1992
1993	1994	1995	1996	1997	1998	1999
2000	2001	2002	2003	2004	2005	2006
2007	2008	2009	2010	2011	2012	2013

Das Planetenjahr in der Astrologie geht immer vom 21. März bis zum 20. März des darauffolgenden Jahres. Man kann ausoben stehender Tabelle auf einen Blick ablesen, welcher Planet im eigenen Geburtsjahr bestimmend war.

Prinzipiell gelten alle Planeten als Symbol für die menschlichen Lebenskräfte. Ihr harmonisches Zusammenwirken ist die wichtigste Voraussetzung für die Gesundheit von Körper, Geist und Seele. Die Körperkräfte werden dabei von den Planeten Mars, Venus und Saturn dargestellt, die des Geistes von Merkur, Jupiter und Uranus und die der Seele von Mond, Neptun und Pluto. Die Sonne nimmt als integrierendes Prinzip eine Sonderstellung ein: im bewußten Ich vereinigen sich ja Körper, Seele und Geist.

Die Wirkung der Planeten auf die Gesundheit

Im körperlichen Bereich wird **Mars** Zeugungskraft und aggressive Energie zugeschrieben. Mit dem Mars kämpft man sich durchs Leben, weiß Energien kraftvoll einzusetzen, schießt aber auch manchmal übers Ziel hinaus.

Die **Venus** gilt als Gegenpol zum Mars im körperlichen Bereich. Das männlich-weibliche Prinzip Mars-Venus ist kreativ und fruchtbar. Venus sorgt für körperliches Wohlbefinden , sie balanciert Geben und Nehmen, ist entscheidend für Harmonie.

Saturn koordiniert alle Körperenergien. Er schränkt ein und sorgt für Nüchternheit, Besonnenheit und Zurückhaltung.

Im Geistigen ist vor allem **Merkur** entscheidend: Er verhilft zu schneller Auffassungsgabe, zu Intellekt, zur Fähigkeit, mit anderen zu kommunizieren.

Zunehmendes Bewußtsein vermittelt **Jupiter** im Geistigen. Erweiterter Horizont und neue Perspektiven zeichnen die Wirkung dieses Planeten aus, ebenso Optimismus und Lebensfreude.

Die dritte Kraft im Geistigen ist **Uranus**. Er zeigt stets Grenzen auf, aber auch Erfindungsgeist.

Die Seele wird zuallererst vom **Mond** bestimmt: Er steht für Gefühlsbetontheit, schnell wechselnde Stimmungen, ja: Launen. Der Mond regiert das weibliche Element – auch bei Männern.

Eher Illusionen im Seelenleben ist **Neptun** zugeneigt. Er kann zu Inspiration und emotionalem Genie verhelfen, aber auch zu Betrug und Flucht aus der Realität hin zur Illusion.

Pluto wirkt im Seelenleben schöpferisch und zerstörerisch zugleich: Er regiert alle Kräfte, die dem Menschen Schaden oder Nutzen bringen.

Die **Sonne** ist der mächtige Planet, der über allen steht und sie zusammenbringt. Als konstante, ewig scheinende Lebensquelle ist sie entscheidend für alle Möglichkeiten, die in uns liegen.

Gesundheit nach den Gestirnen und dem Tierkreis

Nach der astrologischen Medizin identifiziert sich der Mensch mit dem Kosmos. Er sieht sich als Kind der Sonne, ist also abhängig vom scheinbaren Jahreslauf der Sonne um die Erde. Das astrologische Jahr beginnt mit dem 21. März, der Tagundnachtgleiche, dem Anfang des Sternzeichens Widder. Wie den Weg der Sonne teilt man in der Astro-Medizin den Körper des Menschen in zwölf Regionen ein. Die Sonne wird im Widder „geboren" – also ist der Kopf, mit dem der Mensch in der Regel das Licht der Welt erblickt, dem Abschnitt Widder gleichzusetzen. Und so geht die Einteilung genau vor sich:

- *Widder:* Kopf, Gesicht (außer der Nase), Gehirn und Augen;
- *Stier:* Hals, Kehlkopf, Mandeln, Ohren, Zähne und Kiefer;
- *Zwillinge:* Schultern, Arme, Finger, Lunge, Thymusdrüse und obere Rippen;
- *Krebs:* Magen, Zwerchfell, Brust, Lymphsystem, Leber und Galle;
- *Löwe:* Herz, Aorta, Rücken und Wirbelsäule;
- *Jungfrau:* Dickdarm, Dünndarm, Bauchspeicheldrüse, Nerven und Milz;
- *Waage:* Nieren, Blase, Gleichgewichtssinn, manchmal auch die Haut;
- *Skorpion:* Nase, Geschlechtsteile, Dick- und Mastdarm, Blut, Harnleiter, manchmal auch der Rücken;
- *Schütze:* Hüften, Oberschenkel, Leber und Venen;
- *Steinbock:* Zähne, Knochen, Gelenke und Haut;
- *Wassermann:* Waden, Knöchel, Krampfadern und Durchblutungssystem;

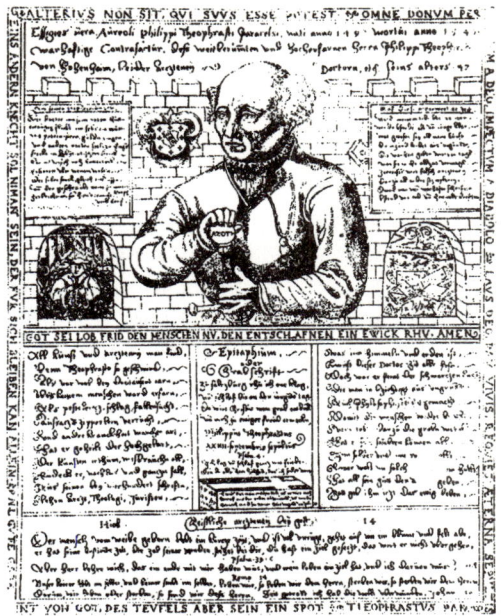

Paracelsus: „Was ist ein Arzt, der nichts von der Kosmographie versteht?"
Kupferstich aus dem 16. Jahrhundert

◆ *Fische:* Zehen und Füße, manchmal durch Assoziation
Lunge und in Wirklichkeit der gesamte Körper, soweit er
mit Flüssigkeiten zu tun hat.

Schwachstellen der Gesundheit

Beim Widder im Mond treten häufig, manchmal sogar
chronische Erkrankungen im Kopf, im Gesicht, in den Augen
und im Oberkiefer auf. Wessen Mond bei der Geburt im
Widder stand, neigt zu hektischem, manchmal überstürz-
tem Handeln: Kleine Unfälle sind oft an der Tagesordnung.
Als Kind holt man sich verschrammte Knie, hat sich mal
verbrüht oder geschnitten.

Beim Stier im Mond sind Zähne, Ohren, Hals, Kehlkopf und Mandeln anfällig. Auch eine Neigung zu Diabetes oder Schilddrüsenerkrankungen ist möglich. Als Stier hat man gesunden Appetit – deshalb besteht die Neigung zu Übergewicht.

Die Zwillinge im Mond stehen für einen ganz allgemein sehr labilen Gesundheitszustand. Man ist anfällig im Bereich der Lunge, auch Asthma, Ekzeme, Rheuma, Migräne, Schuppenflechte oder Magengeschwüre können vorkommen. Man sollte auf Ausgeglichenheit achten, denn das Nervenkostüm ist nicht das allerbeste! Beim Sport sind besonders Arme und Beine gefährdet.

Krebs im Mond ist ein Anzeichen für Schwächen in Brust, Magen und Galle. Trotzdem ist diese Konstellation nicht allzu schlecht: Der Mond ist der dem Krebs zugeordnete Planet – wer unter diesem Zeichen geboren ist, gilt als recht robust und gesund. Falls es wirklich einmal zu Erkrankungen kommt, kann man davon ausgehen, schnell wieder gesund zu werden. Krebserkrankungen spürt man in diesem Mondzeichen oft sehr frühzeitig – gute Heilungschancen sind daher also oft gegeben.

Beim Löwen im Mond sind Herz und Wirbelsäule gefährdet. Man sollte vor allem beim Essen und Trinken aufs rechte Maß achten: Ausschweifungen verträgt das Herz nicht sehr gut. Bei Streß und seelischer Belastung kann die Wirbelsäule zu schaffen machen.

Die Jungfrau im Mond steht für Schwächen im Nervensystem. Typische Krankheiten dabei sind Migräne, Allergien, Magen- und Darmgeschwüre aber auch Hautprobleme. Regelmäßige Entspannung ist daher zum Ausgleich besonders wichtig.

Bei der Waage im Mond liegen die Schwachpunkte der Gesundheit in den Nieren und der Blase. Ansonsten ist man sehr robust. Man sollte allerdings auch aufs Gewicht achten und Genußgifte (Alkohol, Nikotin) besonders meiden.

Der Skorpion im Mond zeigt Schwächen in Venen und Arterien an. Im Alter kommt es oft zu Bluthochdruck, manchmal auch zu Erkrankungen der Geschlechtsorgane. Frauen haben oft Menstruationsbeschwerden oder starke Blutungen. Man neigt allerdings mit diesem Mondzeichen zur Hypochondrie. Dabei gelten Mondskorpione in der Regel als besonders fit und gesund!

Der Schütze im Mond steht für Probleme mit der Leber. Solche Menschen haben eine Neigung zu Völlerei. Auch Bein- und Hüftleiden, Rheuma, Blutkrankheiten, Krampfadern, Menstruationsbeschwerden und Unterleibserkrankungen sind möglich.

Beim Steinbock im Mond zeigen sich oft gesundheitliche Probleme in den Knien, den Knochen und der Haut. Dennoch gilt man mit dieser Konstellation des Tierkreises als gesund und robust. Im Alter kommt es oft zu Rheuma, auch zu Ohrenschmerzen, Kurzsichtigkeit und Hautkrankheiten.

Der Wassermann im Mond steht für Schwächen in den Waden und den Knöcheln. Das kann zu Thrombose und Venenerkrankungen führen. Man ist auch empfindlich gegen Allergien, Asthma und Schuppenflechte.

Die Fische im Mond stehen für den allgemeinen Gesundheitszustand. Oft ist man als Kind schon kränklich, Erwachsene „fangen" sich jeden Schnupfen ein. „Traditionell" hat man Probleme mit den Füßen und der Lunge, es kann auch zu Herzerkrankungen, Hautallergien und Asthma kommen.

Alte Bauernweisheiten zur Astro-Medizin

Nach alter Überlieferung sollte man folgende Mondregeln
beachten:

Man lasse jemanden nur dann zur Ader,
wenn der Mond abnimmt
Man ziehe einen Zahn nur dann,
wenn der Mond abnimmt.

◆

Kinder mit Keuchhusten sollten aus Bechern
vom Holz der Elfenbeinpalme trinken.
Der Baum, von dem das Holz stammt, muß zu einer
bestimmten Zeit geschlagen und das Holz
in der richtigen Mondphase
geschnitzt worden sein.

◆

Babys, die während des zunehmenden Mondes
geboren werden, wachsen schneller.

◆

Ein Kind, das bei Vollmond geboren wird,
wird groß und stark.

◆

Kommt ein Kind zur Welt, wenn der Mond
einen Tag alt ist, so sind ihm langes Leben
und Wohlstand gewiß.

◆

Ein Kind, das während des abnehmenden Mondes
von der Mutterbrust entwöhnt wird,
verliert seine Gesundheit.

Natürlich sind diese alten Bauernregeln nicht unbedingt
Wort für Wort wahr. Aber einen wahren Kern haben sie
gewiß...